语文专题学习设计指导丛书

北京师范大学基础教育合作办学平台核心资源

思接千载奇幻梦

《西游记》专题

彭莉琼◎编著

主　编　张秋玲　郑国民　屈　浩

副主编　杨　雪　迟超智　张洪玲

编　委　唐建新　田红艳　吴　泓　苏锦绣　彭莉琼　王中伟

　　　　陈大伟　方孟珅　金英华　吴林俊　王凤瑜　章美玲

　　　　黄勇智　邱晓云　张丽萍　丘小云　夏　敏　黄玉慧

　　　　罗　丹　上官卫红　邱道学　刘志江　王忠亚　谢政满

　　　　麻　琰　迟　旭　刘艳红　金　亚　黄　欣　佘小涵

　　　　张漫漫　光明明　李　克　禹明超　姚舒扬

北京师范大学出版集团
BEIJING NORMAL UNIVERSITY PUBLISHING GROUP
北京师范大学出版社

图书在版编目(CIP)数据

思接千载奇幻梦:《西游记》专题/彭莉琼编著.—北京:北京师范大学出版社,2018.5

(语文专题学习设计指导丛书)

ISBN 978-7-303-23553-7

Ⅰ.①思… Ⅱ.①彭… Ⅲ.①中学语文课-高中-教学参考资料 Ⅳ.①G633.303

中国版本图书馆 CIP 数据核字(2018)第 041295 号

出版发行:北京师范大学出版社 www.bnup.com.cn
     北京市海淀区新街口外大街 19 号
     邮政编码:100875

印　　刷:大厂回族自治县正兴印务有限公司
经　　销:全国新华书店
开　　本:787 mm×1092 mm　1/16
印　　张:9.5
字　　数:230 千字
版　　次:2018 年 5 月第 1 版
印　　次:2018 年 5 月第 1 次印刷
定　　价:25.00 元

策划编辑:张洪玲   责任编辑:张洪玲
美术编辑:王　蕊   装帧设计:楠竹文化
责任校对:段立超　陈　民 责任印制:孙文凯

谈谈专题学习

以语文学科为轴心重建的学校课程结构由专题学习、创意学习、实践学习三个模块构成，其中，专题学习模块立足于每个人都是信息平等的拥有者、接受者、学习者、使用者、创造者和传播者，利用现代信息网络技术构建一个人人得读、人人得写、人人得发表、人人受关注的语文学习环境。它在继承传统语文学习优势的基础上，提出了"阅读经典—成就自我—点亮人生""帮助师生成为更好的自己"的课程目标。"语文专题学习设计指导"丛书中呈现的每一个专题都在阐释"学会阅读"及"在阅读中学习"的理念；同时，尽力将师生隐性存储的阅读经验，借助相关技术手段进行了可视化呈现，旨在促使读者能通过隐性经验的借鉴，成就自我，彰显独特，做"唯一"的自己，成为集体中不可替代的个体。

一、什么是专题学习

本套丛书所说的"专题学习"是语文专题研究性学习的简称。专题研究性学习是针对语文学科中值得探究的学科知识、问题进行专门的调查与探究，最终由学生依据调查过程与探究结果，得出符合常识、情理、逻辑的探究结论。有了探究结论之后，再把探究的过程、运用的方法和获得的结论用规范的文章样式、撰写成具有一定专业性、学术性、综合性较强的探究小论文。

专题仅是模块组合的一种教学单位(单元)，是基于互联网的技术手段研发的一种新型课程形态(见图1)。它以学生不同阶段身心特点、认知策略、思维品质中亟待解决的"根问题"为内核(图1中心点的学习问题)，筛选、整合学习材料(图1中箭头向内的文本1……n)，利用互联网即时、交互、存储的强大功能，运用发现学习和随机介入的教学法，实现学生自主、合作、探究的个性化学习，以增益学生心智、养成精神品质、积淀生命智慧、发展"辐射—聚合"式立体言语思维为宗旨的语文课程形态。

二、专题学习的特点

与传统语文学习进行比较，模块课程下的专题学习具有以下六个鲜明的特点。

1. 言语思维

霍华德·加德纳的多元智能理论将人的智能分为九种，不同的人会因外界环境，特别是家庭环境的影响而表现出一种或几种智能偏好。多元智能理论中的语言—言语

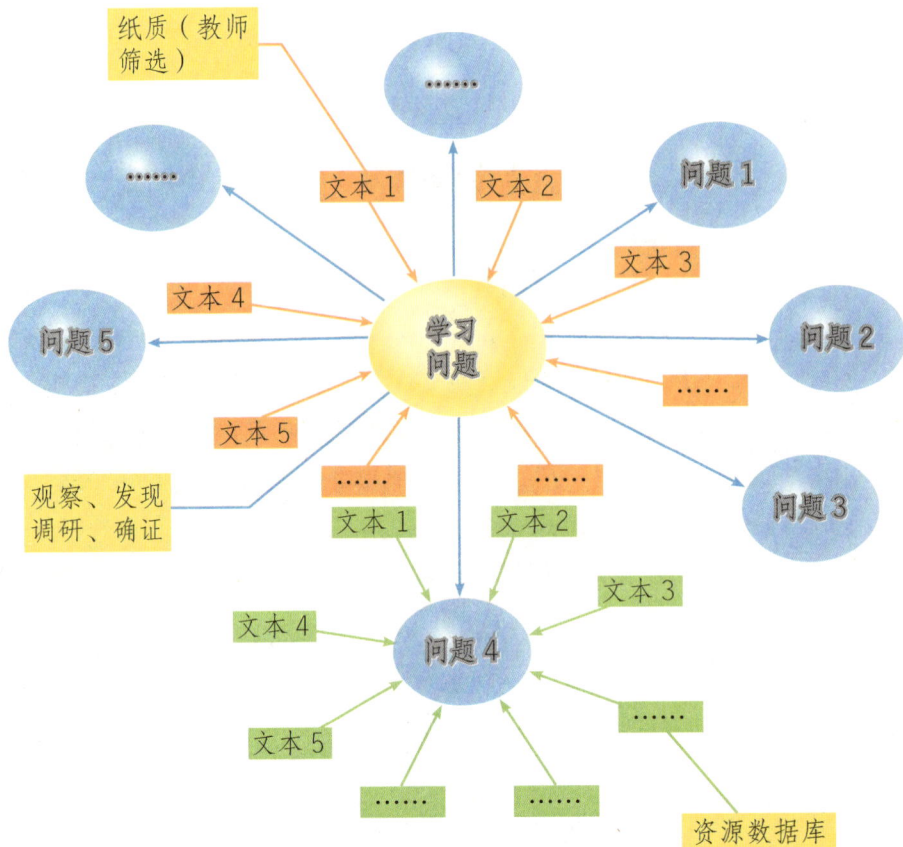

图1　模块课程·专题学习的课程形态

智能是与语文学习联系最为紧密的一项智能结构，是人之所以为人的核心智能，也是20世纪20年代俄国心理学家维果茨基在他的《言语与思维》中提出的"言语思维"。言语思维不是言语加思维，而是言语通过它表达思想的一种媒介机制，思想运动到词的过程就是在这里完成的。这就决定了语文的学习不能仅仅拘泥于听、说、读、写这些可视化技能的发展，而是要突破局限，关注影响听、说、读、写水平高低的言语思维的成熟度与发展水平，没有言语思维的成熟与发展，听、说、读、写的发展就成了无源之水、无本之木。据此，专题学习构建了"思维为主线，读写为两翼"的课程逻辑，"读—思—写"三位一体的课程框架，围绕语文核心素养的四个层级，由外至内、由显至隐地确定了"阅读者—思考者—思想者"等促进言语思维机能发展的三个层级。

2. 完整经典

所谓"完整经典"，是相对于一百多年来语文教科书中的节选课文而言的，专题学习主张在通读一篇无删节的文章，或一本完整的书的基础上，结合阅读中发现的问题进行系统的、有序的拓展阅读。阅读中，建立起把"这一"问题放到整篇文或整本书的宏观布局中进行思考，在比较与联系中增进思维的广度和深度。"完整经典"的外延是宽泛的，不仅仅是文学作品，也包括哲学、科学、历史等各领域的经典之作，例如，蒋廷黻的《中国近代史》、法布尔的《昆虫记》、霍金的《果壳中的宇宙》、斯维拉娜·亚历塞维奇的《切尔诺贝利的回忆：核灾难口述史》等。这些都可成为专题学习的阅读材料。

3. 专题研读

"专题研读"是专题学习实践层面的特点。专题是指"专门研究或讨论的题目"，是以"题"（问题、话题、课题、主题）为最小学习单位及学习起点组合而成的一组学习材料；研读不是指学术意义上的为研究而阅读，而是指个体借助阅读材料不断修正认识，调整思考，完成学习的过程。专题是为了集中，研读则是为了深入。"集中"体现在学习内容的集中、学习时间的集中和学习专注力的集中。"深入"则体现为对学习材料做读进去、跳出来的穿透式阅读，对问题进行触及本质的纵深思考。

4. 读写一体

专题学习中的"写"与"读"一脉相承。每一个专题学习都是在 15～25 天的时间内，围绕一个人，或一类作品、一个问题、一个事件等反复阅读，弄清楚所读问题的来龙去脉。读是写的前提和基础。"读"是在学习他人如何发现问题、观察问题、确定问题、分析问题、论证问题、得出结论，是学生积累知识、积累经验、积累思想的过程；"写"是内化、吸收、继承、超越与创造，是学生在自己的文字中利用从"读"中学来的方法，积累的语言，形成的思想，用自己的文字向他人表达思考，传递思想，是对学生有没有创造力和想象力的考量。

5. 随需而教

随需而教的"需"是指处于真实情境，解决疑难时的学习之"需"，是学生阅读时遇到的具体而微的真问题、真困难。随需而教中常用的策略是"变"，包括学习之变和资源之变两个方面。学习之变体现在学生初步接触学习材料时形成的浅认知会随着阅读的持续、累积而走向对问题的深层思考，"教"也必然随着"学"之变进行调整。"教"还会随着资源之变而调整，一是依据特定群体学生的问题及学习需要对前期准备好的学习资源进行调整与更换，这是由学习问题变化带来的文本之"变"；二是依据学生的学力水平对学习资源进行的抽换与增补，这是学情之"变"引发的"教"之变。此"变"要求教师必须具备针对学情之变及时调整课程内容、学习进度、教学策略的能力。

6. 网络平台

网络平台是专题学习得以实施的技术保障。进行专题学习，需要在网络平台上利用移动互联网、大数据、云存储建立起一个个虚拟教室，学生可根据自己的学习爱好选择虚拟班级进行学习，可以利用虚拟班级中的资源数据库、作业提交、交互问答、讨论空间、学习仪表盘、智能评估等工具，在丛书各个专题的导引下，自主完成选定的专题，从而实现个性化的语文学习。

三、开始一个专题的学习

每一个专题均由专题方向、专题准备、专题实施、专题评价四大板块构成，每个板块又有一些具体的栏目。下面结合丛书的整体设计对各个板块和一个个小的栏目详细说明，以便顺利开始一个专题的学习。

（一）专题方向

当你翻开这本书时，首先看到的便是"做一个阅读者"，或"做一个思考者"，或"做一个思想者"三个方向中的一个，这是专题的定向，即要求完成这个专题的学生在各层级的哪些方面必须有所增益。这是基于维果茨基的"言语思维"理论学说，结合16年对青少年言语思维发展特点的观察研究而确定的。在开启一个专题的学习之前，学生首先就要弄清楚如何才能把自己变成一个真正的阅读者（思考者或思想者）；成为"××者"要学习哪些基本策略；掌握了这些基本策略、完成了专题中编排的学习活动与任务后，自己能独立做些什么事情。

1. 做一个阅读者

阅读者是一个理性而谦逊、能将文本特质与生命思考进行有机融通的人。他能依据阅读目的、文本类型，自动、灵活、快速、有效地使用不同阅读策略，熟练地完成预设的学习任务；或者能依据阅读期待，设计激励自我持续阅读，借助文字探索未知、获取新知、解决问题、完善自我、发展思维、涵养精神，是一个能够通过阅读独立完成知识更新，拥有过去、现在和未来的人。

一个阅读者能在学习并掌握了精读、研读、泛读、略读、速读、跳读、读图、聆听、信息加工等能力后做到：（1）定期、定时阅读；（2）主动记诵日常生活中能恰当、准确表达思想的词汇、语句；（3）阅读中能随时做圈点批注，摘录文中的关键信息及主要观点；（4）坚持在写读书笔记中积累能支持自己判断或观点的证据；（5）能在较短的时间内迅速获取重点信息；（6）能依据文本内容的显性信息进行整合，给文章撰写摘要；（7）能在文本与自我、与其他文本、与世界之间建立起合理的联系；（8）能独立发现文本中的矛盾与空白点；（9）能运用文本中的显性信息与隐性信息推测出文本未言之事/情，得出合理的结论；（10）能围绕一个问题查询、收集、甄选阅读材料；（11）能将常用的学习资源及学习网站进行分类管理及有序存储；（12）能对阅读材料进行基本的分类；（13）能通过阅读更新知识、修炼自我。

在阅读者这个层级中，学生需在教师的帮助下完成从"学会阅读"向"在阅读中学习"的过渡与转变，为接下来成为思考者和思想者做知识、能力、态度三方面的学习准备。

2. 做一个思考者

思考者是能够在日常生活中，依据当时当地的具体情境想办法、出点子、动脑筋解决真实问题的人；也是能够在纷繁复杂、杂乱无序、隔离割裂的事物之间建立起逻辑联系，在深入比较、系统分析的基础上，找到事物之间的共性规律，并从共性规律中探求事物本质的人。

"做一个思考者"要求师生共学、合作完成、发展出在多维视角、不同视野、异质思维下关照同一生活事件、社会现象的能力。一个思考者能运用观察、判断、推理、预测、排序、比较、分类、辨别、调查、建模等思维能力做到：(1)能集中注意力专注于一个特定的任务；(2)能发现他人发现不了的问题，或观察到他人没有观察到的现象；(3)能依据事物发展中呈现出来的不同状态，对事物的发展趋势做出清晰的判断与推理；(4)能对众人认可的观点提出自己独到、合理的判断，并给出充分的理由；(5)能利用文本中的关联信息，对文本内容进行推理，提出可行的假设或得出可靠的结论；(6)能在阅读、讨论中关照他人(同伴)的意见或看法；(7)能够依据占有的信息，根据当时的情况，迅速做出抉择，取其一而舍其余；(8)能与同伴进行有理有据、有逻辑的讨论与辩论；(9)能态度温和、理据充分地驳斥他人不合理的观点或结论；(10)能够计划、筹备一个大型的学习活动，并动员同伴参与。

在这个能力层级，专题学习中的每一个学习指令、学习任务、学习问题，都是为了满足学生思考与探索中的个性化学习。经历了如此思考与探索，学生当能在真实的思考互促中完善自我，成为一个精神自由、思维独立的思考者。

3. 做一个思想者

思想者是一个能够自己主宰自己大脑，不轻易将他人的谬误、讹传装进大脑的人；是一个能从纷繁复杂的信息中披沙拣金、拨云见日的人。这样的人无论在怎样的情境中，基本都能够站在客观、中立的立场上摆脱盲从，运用自己的思考洞见事物真貌，做出理性判断，形成独立见解，发表独到观点。

一个思想者能够运用概念、概括、分析、说明、解释、陈述、描写、论证、转述、举例、评析、演说等表达能力，有逻辑地做到：(1)能基于生活事件、社会现象表达自己独到的观点；(2)能有条理、逻辑清晰地表述自己的见解；(3)能用不同的表达方式解释或表达见解；(4)能从繁杂的信息中辨析某类信息的合理性；(5)能就某一观点，理据充分地表达见解；(6)能对生活事件、社会现象进行辩证性评析；(7)能对群体中的分歧进行融合理解，提出一个能令分歧双方均能接受的方案；(8)能自觉、主动地反思已完成的学习任务，从中吸取教训，总结得失。

在这个层级，要求师生一起成长，能洞察未知，具有远见卓识，不人云亦云，不老生常谈，不以讹传讹，能用精准、恰当的语言表达体现自己独立思考、精神自由的真见识、真观点、真思想。

(二)专题准备

"专题准备"是开启一个专题的学前准备阶段。学生要按照书中的要求或规定做好专题学习的各项准备。

1. 依据自己的真实学习水平，完成学习力调查问卷，确定自己的学习层级——基础层级、拓展层级、挑战层级。

2. 按任务类型购买笔记本及学习用纸，并对笔记本进行记录分区。

3. 按要求，按版本购买阅读书目。

4. 阅读在线课程手册，同时熟悉网络平台上的各功能按钮。

5. 建立云端学习空间，依据课程手册的要求完成空间的分类。

6. 明白该专题的学习价值，需提交的阶段性学习成果、评价方式及标准，终结性学习成果、评价方式及标准。

7. 明白专题学习资源的类型及层级。

(1)学习资源的类型

①原作研读。"原作"包括文章与书籍，是专题学习最为基础的学习材料；"研读"就是通过教师的带读、导读，把学生引回到文化的起点，让学生沉进文本，用自己的心理触觉"还原"经典作品的要义。专题学习融进了"以史解经典""以理释经典""以情悟经典""以生命读经典"的方法论，这些方法需要学生在研读中慢慢融通成一种内在的学习力。

②背景材料。背景材料包括作者传记、生平轶事、创作心理、思想波动、时代语境等。它的功能是帮助学生以"己意"去"逆"作者或作品之"志"。在"逆"的过程中，既不能完全抛弃学生的"现在视域"，也不能把作者的"初始视域"简单地纳入自己的"现在视域"，而是要把这两种不同的视域融合起来，形成一个融作者视域进入"我"之视域的全新视域，在不断追寻作品之意、作者之志的过程中，形成自己独到的阅读诠释。

③鉴赏解读。鉴赏解读渗透的是"缀碎为整"的方法论，鉴赏解读的学习材料多是针对原作中的某个学习点进行鉴赏、解析。在此可以读到不同学者对同一作品（者）的解读、辨析、评述。学生可以通过阅读这类文章甄别他人的观点，整合众人的思考，形成有据判断，做到横向拓展，纵向挖掘，在借鉴、接纳、吸收中提升批判与创新的思维意识，形成独立解决问题的能力。

④互文比读。互文比读是一种以文解文的重要阅读策略。在阅读这组文章的时候，学生将运用比较、联系、求证的思维方式，在不同的文章之间寻找相关（似）点或差异点，同时在文章与文章之间勾连出外部揳入与内部自洽形成的卯榫结构，在由读而写、由写而读的反复过程中，在这组文章中往返来回穿梭几次，拓宽思维的宽度与厚度；在对比类推、举三反一的过程中，发展就事论理的能力，让自己建立一个多感官联动的立体思维模式。

⑤学生习作。学生习作是专题学习中不可或缺的重要资源，这些同龄人的学习成

果是学习与效仿的最佳对象。这些习作能帮学生打开思维的触角，延展思维的广度，提供研读与写作的参考角度，同时，也能帮学生建立自信、突破自我。它告诉我们，只要依据本书的步骤，遵循教师的指导，完成1~2个专题之后，谁都能写出这样有独到见解的优秀习作。这些习作有的是对专题学习材料中提供的研究结论进行的质疑、驳斥、校正、完善；有的是对一些常识性的理解与问题提出的新思考；有的是对某一个事物进行考证后，利用新证据对已有结论进行的物证补充。总之，凡入选学习成果的习作，除考察语言表达是否精准、论证是否严谨之外，更重视习作本身能否反映学生对所论问题的个性化思考与深度论证。

(2)学习资源分层

基于前期的实验数据，丛书中的每个专题均对原作（著）、背景资料、鉴赏解读、互文比读等4类学习材料依据学情及文本难易进行了"基础阅读""拓展阅读""挑战阅读"的层级划分。基础阅读是底线，是要求班内所有学生进行精读、研读的必读文本；拓展阅读是发展差异，学生可依据个人的阅读能力、理解水平、学习偏好，根据自己的实际需要，按要求、有目的、有针对性地进行必读与选读文本的自由搭配；挑战阅读是鼓励创新，如果拓展层级的学习未能解决学生的问题，他就可以到专题学习的网站自由选取资源包中的学习材料进行自主学习与创作。为挑战阅读选编的学习材料、设计的学习任务，已不是一般意义上的材料与内容，多是针对特定的研究点，辑录专家学者在这些研究点上进行的多维研究。这些资源只是让学生知道，针对这一问题还杂存其他不同的声音，需要在甄选中思考。

8. 通读学习目标，选定自己的学习目的地。

学习目标是学生学的目标，不是教师教的目标，是指在专题学习的慢推、慢导、慢学、慢思的过程中，个体对自选学习内容达成度的预设，强调的是个体想学什么，如何学，学到什么程度。依据《普通高中语文课程标准》（修订征求意见稿）设计的语文核心素养层级，丛书将每个专题的学习目标从语言目标、思维目标和价值目标三个角度进行设定。

(1)语言目标

语言目标中的学习内容及目标要求，是依据前期的实验数据设定的保底目标。每个专题所选学习材料均具有个性化的言语形式、独到的言语思维、特定的"情-思-意"品质等规律性的语言知识。只有在这个专题中能遇到这些规律，这需要依据个体的大脑认知图式尽可能多地积累、整合、存储、内化这些代表作品生命力的动态语言素材。学生可以在保底目标的基础上，依据学习力增减数量与难度，为自己设定一个适合的语言学习目标。

（2）思维目标

思维目标重在依据个体的思维偏好，教给学生基本的思维策略，培养思维能力、优化思维品质，提升思维水平，重点开发学生"分析、评价、创造"等高阶言语思维能力。专题学习语境中的思维能力专指言语思维，是作家在特定作品中呈现出来的个体思维方式，这种思维方式与作家个性化的言语风格、言语特色密切相连，它借助独特的言语单元——词义，在每个作家的言语与思维之间建立起了固定的匹配关系，它使读者一看到言语方式就大体能确定是谁的作品，这是在专题学习中重点学习的内容。学生在积累个性化言语表达思维的共性与规律性知识中形成自己独到的思维风格，并有意识、有针对性地加以培养。

（3）价值目标

价值目标是对语文核心素养中"审美鉴赏与创造""文化传承与理解"的整合表述。每个专题的价值目标，均是依据具体的专题内容，针对个体学生成长中所需要的关键的、少数的、必要的因素进行的概括与提取，是"你之所以成为你"具体的差异化价值。学生一般都能从每个专题中找到与自己的生命密码相匹配的文化基因，种下一颗烙着自己生命印迹的"审美鉴赏与创造""文化传承与理解"的种子。这颗种子蕴藉着一股引爆精神力量的"炸点"，这个"炸点"就是学习此专题的价值目标。

（三）专题实施

这个板块是专题学习的核心。为了更精准地描述专题学习对当下语文学习的翻转，体现出与传统语文学习不同，丛书引入了一些概念。这些概念是整个专题学习研究团队和丛书编著团队几经研讨、争论而确定的。

1. 课段

与大家熟知的课时不同，"课段"是指在专题学习持续进行中，完成一个相对独立的知识点或能力点、态度点所必需的时间段。一个课段需要多少课时是不固定的，一般是依据学习任务的难易、学生的基本学力进行弹性计划与调整。课段可长可短，长的可长到数十天，短的可短到数十分钟。无论是数十天，还是数十分钟，只要完成了一个相对独立、完整的"点"就是一个课段。

2. 学习任务

专题学习中的"学习任务"或学习活动均安排在课文之前，学生选择完成。课文与任务匹配是相对固定的，任务仅仅是各类学习材料的黏合剂，在各课段之间建立起读一思一写的逻辑联系，使前一个课段产生的学习成果自然转成下一个课段的学习资源。

3. 师生共学

"师生共学"主张师生是一个学习共同体。在这个共同体中，教师与学生一起探讨、学习一种能解决相关问题的策略，师生一起面对新的学习情境、问题语境，针对同一问题/任务，相互辩难、相互支持、相互鼓励，共同营造出一个适于师生共同提升的学习时空，共商问题解决、任务完成的渠道与途径。在如此的教学现场，教师不再是知识的代言人和宣讲者，而是学习过程中的观察者、协助者、陪伴者、喝彩者和分享者。

4. 师者助读

"师者助读"一般是针对那些难度较大，但又不能更换，依靠学生原有阅读能力难以读通、读懂的课文而设计的阅读指导，提供的阅读策略，点出的阅读重点。它是根据课文的难易度匹配学力水平而设计的，是一个极其灵活的小栏目。

5. 同伴分享

"同伴分享"的材料均出自学生之手，是为专题中的"学习任务""问题探讨""质疑思考""讨论分享"等示例的作答内容、方向和方式。这些编选在"同伴分享"栏目中的作品并非都是优秀学生的作品，有许多是在班级中经常不被关注的孩子的作品。可以说，专题学习给了那些被忽略的学生一个发掘潜能、展现自我、脱颖而出的机会。这些被分享的作品有一个共同点，即它们都是学生在阅读中形成的独特思考，有些甚至能够在质疑"权威"的同时给出有理有据的逻辑分析。

6. 小贴士

"小贴士"是针对专题学习过程中可能遇到的问题、需要的策略、学过的知识、生活的常识而设计的，在此仅起提醒的功能，供需要者自行选用。依据我们的实践经验，这些问题、策略、知识、常识并非是所有学生都需要的，只是一部分甚至几个学生需要。这些小贴士可帮助需要者进行不间断的持续的学习。

(四)专题评价

专题学习在重视成绩、强调进步、关注发展的同时，更看重学生在自我检讨、自我反思的过程中完成规定及自选学习任务时的自我管理，看重学生在获得新知、增进学力、发展心智、增益精神中的生命成长。由于完成一个专题的时间跨度多在15～25天内，对于心智尚未成熟的学生而言，遗忘是很正常的。专题评价为帮助学生克服前学后忘的弊病，设计了专题回顾、师生反思两个栏目。

1. 专题回顾

"专题回顾"环节依据学校周边及所在地域的社会资源，结合专题学习内容设计了综合性学习活动，意在敦促学生通过完成1～2个感官联动的真实、综合的学习任务，回顾、梳理在"这个"专题中学到的新知识、新技能、新思维、新习惯，并将其转化为后续学习的认知策略。与专题实施中各课段的学习任务相比较，专题回顾中学习任务的整合性与综合性更强。它重视真实生活中已有问题的再现设计，寄望学生能运用真知识、真技能、真策略参与真实问题的解决过程。

2. 师生反思

鉴于专题学习中"精彩的发言瞬间消失、课堂生成难以复现"的遗憾，教师会从教的角度，学生会从学的角度进行反思。反思的内容可以是指出问题、总结经验、分析得失、评点优劣、言说感悟。丛书中每个专题所附师生反思，除示例外，还有提醒和喻诫的作用。提醒即将做此专题的师生规避该"师生反思"中描述的教学缺憾，喻诫学习推进中可能遭遇的障碍与困难。

编写这套丛书的初衷缘自心疼学生，想让学生在这套丛书中学得有效、有趣、有料、有种、有聊、有品、有质，今天这个夙愿终于实现了。丛书从四个方面呈现了编著者的思考：一是示例。专题学习的理论概括与实践探索已被写进了《普通高中语文课程标准》(2017年版)，这套丛书以案例的形式呈现了课程标准中的诸多概念是如何在教学实践中得以落实的，丛书涉及的每一个专题都是课程标准中一个学习任务群的代表性案例。二是引路。此次《普通高中语文课程标准》(2017年版)颠覆性地重构了"学习任务群"，将专题学习作为主要的学习路径加以提倡与力推，这套丛书就是将学校、师生、家长从"此岸"摆渡到"彼岸"的渡船。三是探路。专题学习作为当前语文教学困厄的突围之举，虽然得到了业界人士的普遍认可与赞同，但就我国语文教学的现状及师资素质而言，距离在全国进行大规模推广还有一段很长的路要走。据此，丛书确定了师生互教共读、教学相长的推广理念。四是试水。专题学习的另一个追求是为教师与学生的发展提供个性化的成长环境，协助他们发展成更好、更棒的自己。为了达到上述四个目的，也为了使日后践行专题学习的老师们能按图索骥，不再摸着石头过河，我们在总结团队每一位教师教学实践的基础上，研制出这套设计与实施专题学习的基本框架。

专题学习是一趟让你既能学得有趣，又能发展独立思考，还能获得好成绩的学习旅行；是一场想学、能学、耐学，按个体时速、尽自己所能不断向前奔跑的语文马拉松，每一个有坚持、有耐心、不放弃的学生，都能在奔跑中抵达自己的终点。在这场马拉松赛中，教师最要做的就是陪伴在那些能力较弱、成绩较低、步速较慢的学生左右，协助他们在漫长、孤寂的奔跑中抵达终点，享受阅读、质疑、思考、创作带来的喜悦，体验"会当凌绝顶，一览众山小"的感动和振奋！

CONTENTS　目录

1

专题方向

做一个阅读者

做一个阅读者

阅读的过程就是修身养性、开启心智的过程。一个真正的阅读者，不但能通过读书获得新知，拓展视野，增长知识，还能从书中感悟作者深邃的思想，获得人生的共鸣和启迪，将书中蕴含的文明底蕴"内化"为阅读者的精神气质。

《西游记》是我国文学史上最杰出的经典之一，它故事性强，想象力丰富，语言诙谐，堪称充满奇思异想的神魔小说代表作。有人说，《西游记》值得一生反复阅读：少年读出了"奇幻"，青年读出了"奋斗"，中年读出了"智慧"，而老年则读出了"宇宙"，这是一本内涵非常丰富的书。

对初中生来说，读这本约 80 万字的《西游记》原著，是磨练意志之旅。欲取得"真经"，需要阅读者有持久的阅读品质，有定心，有耐力。能静下心来，独立自主地理解、体验、吸收文本所蕴含的思想和意义、情感和态度等。阅读过程中能进行明确的信息猎取，养成"不动笔墨不读书"的好习惯：做好批注，收集积累整理书中的俗语、成语，精彩语段，写读后札记等，逐步总结出适合自己的阅读方法。

阅读的本质是一种活动，既需要孤身独旅般的探求精神，也需要百家争鸣式的分享。《西游记》学习之旅中，班级读书交流将为阅读者提供展示的平台：上网查阅资料、制作 PPT、写剧本、情景剧表演、人物访谈、辩论、竞答……进一步探究人物性格，品嚼作品的生活哲理、人生智慧、文化内蕴。通过活动，阅读者的认识将逐步加深，能力不断提高，努力越多，效果越好。

好的阅读者，更是一个善于思考、善于想象的人。《西游记》中诗词、曲赋、楹联众多，内涵丰富，如果只停留在对情节的了解和人物的图像化理解上，就将失去太多的精彩。要根据文中描绘的画面去联想、去创造、去思考广阔的世界。而重组送经团的活动，将让同学们展开想象的翅膀，联系生活实际，关注民生疾苦，促进自己的精神成长。

《西游记》专题学习是逐梦之旅，也是磨练意志之旅，更是增益智慧、提升品位的享受之旅。用你的"想象"去打破思维空间的局限，用你的"坚韧"去感受这80万字文化瑰宝呈现的丰富内涵，用你的"智慧"在思想的百花中吸收属于你的文化之蜜。相信自己：我一定"能"，一定"行"。

学习《西游记》专题，你需要在自主阅读的过程中做好批注。按照学习任务的要求，对文章的内容、层次、思想感情、表现手法、语言特点、精彩片段、重点语句等，在思考、分析、比较归纳的基础上，用线条等符号或简洁的文字加以标记。这种阅读方法是古今中外通用的一种简便易行的读书方法，可从感想、质疑、联想、评价、补充等几个角度进行批注。另外，80万字的书，不可能全都细细阅读，所以跳读是不可缺少的。

跳读法是一种常用的快速阅读技巧，是在阅读中，有意识跳过一些无关紧要的句段或篇章而抓住关键性材料的速读方法。跳读的意义在于舍弃非本质的东西，捕捉本质信息，形成新的思维流程与篇章结构。跳读的方法有：以标题、小标题、黑体字为主要阅读对象的跳读法；关键词语跳读法，只读自己所需要的同特定主题有关的词语、段落，而略去其他的段、句、词；首尾句跳读法，就是只读每个自然段的第一句或最末一句，或是第一句和最末一句，运用这种方法，可以迅速抓住全文的中心；语法结构跳读法，全神贯注句子中的结构词如连词、段落中的结构语如"由此可见"等。这些方法结合技巧，需要你在阅读过程中逐一体会和掌握。在阅读过程中，分类摘抄则有助于你的条理更加清晰，思路更加明确，有助于分门别类地进行积累。最后，学习本专题后，你的概括能力、质疑能力也将得到进一步的提升。

2 专题准备

一、求成长真谛读"西游"

(一)"西游"难得整本读

《西游记》作为一部家喻户晓的经典，内容庞杂，语言诙谐，想象奇特。它融合了佛、道、儒三家的思想和内容，既让佛、道两教的神仙同时登台表演，又在神佛的世界里注入现实社会的人情事态，有时还插进几句儒家的至理名言，使它显得亦庄亦谐，妙趣横生。因此，该书赢得了各个文化层次的读者的喜爱。

作为中华文化的瑰宝，《西游记》自成书以来，影响日益深远。但由于篇幅长，能通读原著全书的同学为数不多。笔者曾对初一年级某班 49 个同学进行调查，27 名男生、22 名女生都看过《西游记》一书，但多为精简版、青少版、彩图版，其中有 3 名男生接触过原著，但仅仅是家有藏书翻翻而已，或看了几回，真正完整地阅读了《西游记》的学生一个也没有。对《西游记》的认识，主要集中在：孙悟空大闹天宫，妖精爱吃唐僧肉，唐僧一味地发善心，孙悟空每次打妖怪时他都要啰唆……他们能说出来的多为人们耳熟能详的故事名称，对于故事的情节发展、人物关系图谱、内容及其衔接等基本上是一无所知。

请你也参加一次问卷调查，看看你对《西游记》的认识是否胜于你的同龄人。

调查问卷

1. 你看过《西游记》的(前三项写出相关的名字，第四项在相应的地方画"√")

(1)电影：

(2)电视连续剧：

(3)动画片：

(4)书籍(A. 青少版　　B. 彩图版　　C. 拼音版　　D. 原著)

2. 你知道《西游记》中的什么故事？印象最深刻的故事是哪个？

3. 你最喜欢书中的哪一位？评价你喜欢的人物。

4. 列举你了解到的《西游记》中的知识。

（二）不读"西游"枉少年

《西游记》与《三国演义》《水浒传》《红楼梦》共称为"中国古典四大名著"，它开辟了神魔长篇章回小说的新门类，是古代长篇浪漫主义小说的高峰，在世界文学史上，它也是浪漫主义的杰作。从19世纪开始，它被翻译为日、英、法、德、俄等十来种文字流行于世。历代评论家对《西游记》都有极高的评价。

明末清初戏曲小说作家袁于令在《西游记题词》中，高度评价《西游记》的价值："至于文章之妙，《西游》《水浒》实并驰中原。"品读《西游记》"日见闻之，厌饫不起；日诵读之，颖悟自开也！故闲居之士，不可一日无此书"①。也就是说，天天读此书，不会觉得厌倦，人的智慧和领悟自然生成，达到一天都不能不读这本书的程度。

曾被顺治帝誉为"真才子"的明末清初著名诗人、戏曲家尤侗，在研究《西游记》的专文《西游真诠序》中，把《西游记》一书的价值与孔子、老子并列，"三教圣人之书，吾皆得而读之矣！东鲁之书，存心养性之学也；函关之书，修心炼性之功也；西竺之书，明心见性之旨也。"②

《法国大百科全书》介绍《西游记》时说，"全书故事的描写充满幽默和风

---

① 蔡铁鹰．西游记资料汇编．北京：中华书局，2010：580.

② 同上书，599.

趣，给读者以浓厚的兴趣。"①《西游记》想象新奇，突破神、人、物的界限，将奇人、奇事和奇景巧妙地熔为一炉，可以说达到了登峰造极的地步。主要人物的性格也极为鲜明，孙悟空嫉恶如仇、唐僧信仰坚定、沙僧任劳任怨……为取真经，师徒四人历尽九九八十一难，他们的所有经历与艰辛都因最终的坚持具有非凡的意义，诚如北大教授白化文所说："此书的副作用极小，是一部鼓舞人积极斗争、永不灰心、为达到目标而百折不挠的书。"②

《西游记》有不少内容或故事被选编入中小学教材，如第一回《猴王出世》被选进人教版语文五年级下册，《美猴王》被选进北师大版语文六年级下册，《三打白骨精》被选进苏教版语文六年级下册，《花果山拥立美猴王》《孙悟空棒打白骨精》被选进沪教版语文六年级下册，《小圣施威降大圣》被选进人教版语文七年级上册等。

《西游记》专题学习，一方面是对有限教材内容的延伸，可以丰富同学们的学识，提高同学们的阅读能力，符合《语文课程标准》（2011年版）所要求的7—9年级学生"能较熟练地运用略读和浏览的方法，扩大阅读范围，拓展自己的视野"，"学会制订自己的阅读计划，广泛阅读各种类型的读物，课外阅读总量不少于260万字，每学年阅读两三部名著"。

另一方面，可以引领同学们智慧地生活，走向精神的高地。避免有损青少年心灵健康的盲读、浅读、恶读、恶搞《西游记》等现象继续蔓延；避免由网络、电影、电视等声像媒体强势冲击带来的"只看不想"、"只读不悟"的被动局面。同学们可以从作家身上或从作品的形象上学到许多优秀的品质、健康的思想情感、积极向上的生活态度，如团结、协作、自律、坚守、诚信等，加强自身修养，完善自身人格。

中学时代正是世界观、价值观形成期，也是人格的养成期。美国著名生理学家玛莉安·伍尔夫研究儿童阅读时大脑的变化发现，儿童阅读是左右脑两个区域都一起运行的，而过了这个时期，学习语言的能力开始退化，成年人在阅读时，往往是只有一个大脑半球在工作。事实上，孩子长大以后，是在用14岁以前所获得的基本价值观，如感恩、慈善、友爱等这些观念和知识来建设内心的成人世界。《西游记》中神通广大、勇敢战斗、机智灵活、幽默开朗的猴子已经成为充满民族特性的独创形象，取经团队百折不挠的精

---

①② 张玉斌，王晶．一生必读的60本书．北京：北京工业大学出版社，2003：138．

神，幽默中充满智慧的美，众多的生活哲理、人生智慧、文化内蕴等都有待读者慢慢去品嚼。

总之，读好整本《西游记》，顺应 14 岁以前青少年的心理发展需要，把他们的注意力从影像媒体中拉回来，在充满奇幻的阅读历程中，"获取信息—学习知识—思考内化—形成智慧"，从而找准人生的坐标，走向精神的高地。

二、借一双慧眼品"西游"

（一）原著阅读

《西游记》（建议师生读同一版本的，即同一出版社同一印次的《西游记》）

（二）背景阅读

1. 王宏志：《玄奘取经》
2. 蔡铁鹰：《执着追求：玄奘取经故事形成的文化精神》

（三）鉴赏解读

基础阅读

鲍鹏山：《〈西游记〉：换一种读法》

拓展阅读

黄卉：《〈西游记〉的儒释道文化解读》

梁归智：《自由的隐喻：〈西游记〉的一种解读》

挑战阅读

刘勇强：《奇特的精神漫游》

吴圣昔：《西游新解》

张锦池：《漫说西游》

（四）学生作品

陈可沅：《水患泛滥归途上 龙王出海送经来》

龚廷芳：《〈西游记〉续写》

陈咏欣：《印度水灾百姓苦　唐僧传经保平安》

钱书琪：《〈西游记〉续写》

姚奇言：《送经团的那些事》

徐俊扬：《〈西游记〉后续》

曾庆聪：《唐僧师徒雅典救火》

（五）其他准备

购买 16 开本的笔记本（不宜太厚），笔记本的使用规范是：笔记的每一页右侧留下三分之一的空白，用于学习过程中的批注和补充。

三、学习目标

（一）语言目标

1. 积累《西游记》中有生命力、有表现力的语言，如成语、歇后语和"常言道"、"俗语云"、"古人云"中引用的谚语等。

2. 能"不动笔墨不读书"，品词析句，分类摘抄。

3. 能结合原著中人物的具体语言、动作等，全面、客观地分析人物，创造性地展示阅读成果。

4. 学习《西游记》中的邀请函、敬称、谦称等礼仪交际知识并加以运用，学会写颁奖词和邀请函等。

（二）思维目标

1. 体会神话故事大胆超常的想象，领悟想象的本质、方法和原则，初步形成自己的想象力。

2. 正确理解和把握《西游记》的基本思想与精神，学习用现代观念审视作品，初步形成从不同角度研读作品的辩证思维方式。

（三）价值目标

1. 体会作品中传达出的不畏艰难、勇往直前的精神。

2. 感受作品中蕴含的生活哲理与人生智慧，能把有字经书转化成生活中的无字经书，关注现世，心存善良，对身边需要帮助的人及时伸出援手。

四、学习过程评价

力求让每一位学生，都能养成一个读书的好习惯，学会"分类摘抄"的读书方法；形成有效的阅读策略，养成读整本书的习惯，提高阅读名著的兴趣与效率。阅读《西游记》过程中所用的评价方式如下：

1. 建立"阅读之星"、"书香小组"等阅读评价机制。

2. 建立学习专栏，分小组将学习所得以黑板报、电子汇报稿等形式呈现。

3. 学习笔记展评。

4. 专题活动表演。

3 专题实施

第一课段 | 知人论世

《孟子·万章下》："颂其诗，读其书，不知其人，可乎？是以论其世也，是尚友也。"孟子认为，文学作品和作家本人的生活思想以及时代背景有着极为密切的关系，只有知其人、论其世，即了解作者的生活思想和写作的时代背景，才能客观、正确地理解和把握文学作品的思想内容。

这一课段学习内容有：师生一起泛读《玄奘取经》《执着追求：玄奘取经故事形成的文化精神》两篇文章，对家喻户晓的唐僧取经的有关史实与传说有一个初步的了解；了解作者吴承恩和《西游记》的写作背景等知识。

此课段建议用1课时。

一、述异志怪，承恩千秋
——走近作家

学习任务

1. 阅读下面的背景材料，阅读过程中，用"＿＿＿"画出文章中需要着重领会和加深记忆、理解的语句，并做批注，掌握文中重要的信息，如："中国的安徒生"、名承恩、字汝忠。

2. 摘录吴承恩故里的三副对联，根据对联内容说说《西游记》的内容与历史价值。

3. 概述明朝中后期的社会状况。

师生共学

阅读过程中，请重点关注画"＿＿＿"的句子。

吴承恩其人

吴承恩是中国明代著名小说家，所创作的中国古典文学名著《西游记》家喻户晓，名扬中外，被世人称为"中国的安徒生"。

江苏省淮安市可谓人杰地灵，作为中国重要的地理分界线的淮河缓缓流淌，人类伟大工程奇迹之一的京杭大运河穿城而过。淮安老城区北部的河下古镇内，竹巷街入口处有一座"吴承恩故里"牌坊，对联为"旧宅揽胜迹：萧湖、长淮、邗沟水；故居接芳邻：枚亭、梁祠、钓鱼台"。上联说的是吴承恩故居的地理环境：美丽的萧湖、古老的淮河与大运河环抱；下联讲的人文环境，古迹众多：汉代文学家枚皋的纪念亭、抗金女将梁红玉的祠堂、西汉开国功臣韩信的钓鱼台都与故居为邻。另一联为："东土西天，降妖伏魔，万方传颂孙大圣；楚风淮水，述异志怪，千载推崇吴承恩。"讲的就是吴承恩创作的文学巨篇《西游记》。

吴承恩故居由一组明代风格的园林建筑群组成，内有许多亭台楼阁、假山池塘，典雅古朴。吴承恩故居的正厅廊柱上的楹联是："搜百代阙文，采千秋遗韵，艺苑久推北斗；姑假托神魔，敢直抒胸臆，奇篇演出西游"。这副对联高度概括了吴承恩一生的文学成就和他的名著《西游记》的历史价值。厅正中安放的头像由中国科学院古人类研究所著名专家贾兰坡根据吴承恩的头颅骨复原，这是我国众多的古代历史文化名人塑像中，唯一根据逝者头骨"复原"的雕塑。

吴承恩(1500—1582)，字汝忠，出生于淮安府山阳县一个由学官沦落为商人的家庭，家境清贫。父亲吴锐因为家贫，入赘徐家做了上门女婿，"遂袭徐氏业，坐肆中"，当起了小商人。尽管如此，吴家却不失读书的传统。据说其父吴锐虽为商人，但为人正派，而且好读书，好谈时政，这自然对吴承恩产生较大影响。为他取名承恩，字汝忠，意思希望他能读书做官，上承皇恩，下泽黎民，做一个青史留名的忠臣。吴承恩自幼聪慧，喜读稗官野史、志怪小说，"尝爱唐人如牛奇章、段柯古辈所著传记，善模写物情，每欲作一书对之"，"髫龄，即以文鸣于淮"，颇得官府、名流和乡绅的赏识，《淮安府志》记载他"性敏而多慧，博极群书，为诗文下笔立成。"虽然才学很高，中秀才后因不喜科举八股文，成年后的吴承恩科举进身屡遭挫折，直到明朝嘉靖二十九年(1550)约 50 岁才补得一个岁贡生〔明代有岁贡、选贡、恩贡和细贡。挑选府、州、县生员（秀才）中成绩或资格优异者，升入京师的国子监读书，称为贡生]，50 多岁任过浙江长兴县丞，后又担任过荆王府纪善，主要负责"掌讽导理法，开谕古谊，及国家恩义大节，以诏王善"，这是同县丞级别差不多的闲职。如今淮安还存有"荆府纪善吴承恩之墓"。晚年以卖文为生，活了大约 82 岁。

官场的失意，生活的困顿，使吴承恩加深了对封建科举制度、黑暗社会现实的认识，促使他运用神魔志怪小说的形式来表达内心的不满和愤懑。他一生创作丰富，但是由于家贫，又没有子女，作品多散失。据记载有志怪小说集《禹鼎记》，已失传。吴承恩的外甥孙丘度搜集其残存之稿，仅"存十一于千百"，包括诗一卷、散文三卷。后人将其诗文编成《射阳先生存稿》。

吴承恩生活的时代

吴承恩生活的明朝中后期，社会情况与开国之初有很大的不同。政治上阶级矛盾、民族矛盾以及统治阶级集团内部矛盾不断激化，并日趋尖锐。吴承恩 21 岁前的明武宗，据说其一生贪杯、好色、尚兵、无赖，有人认为他荒淫暴戾、怪诞无耻，是少见的无道昏君，也有人认为他追求个性解放，是明朝历史上极具个性色彩的皇帝。至嘉靖帝期间，后史誉之谓"中兴时期"，但嘉靖皇帝非常崇信道教，一心求长生不老，在位的 45 年间竟有 20 多年不上朝理政，由"立朋党、除异己"的严嵩擅权达 17 年之久，造成兵备废弛，财政拮据，沿海的倭寇扰掠，北方的蒙古鞑靼入侵，还有农民起义频繁，社会危机日益加深。因此，当时社会经济虽繁荣，但政治日渐败坏，百姓生活困苦。

14 世纪中期至 16 世纪末，文艺复兴运动在西欧各国得到广泛传播和高度发展，资本主义思想在西方开始萌芽。在冲破中世纪黑暗的束缚之后，西方列强凭借着坚船利炮的实力开始了对中国几百年的不平等关系，葡萄牙人最早用大炮打开中国的大门（1517），进而占据澳门（1561）。西班牙人在占领菲律宾之后，于 1575 年进入中国。随着国门的打开，欧洲"文艺复兴"时期主张"人性"、反对"神性"、以人为核心、赞美人的价值和人的尊严等等的各种思潮相继波及东方诸国，特别是人本主义思想的传播，对当时的中国产生极大的影响。

吴承恩生活的时代中，特别是以王阳明主张的"心即理、知行合一、致良知"等心学思想在明代中叶以后成为最重要的学术流派，开启了中国封建社会晚期启蒙思潮的前导，呼唤人性解放。尤其是泰州学派王艮（1483—1541）、李贽（1527—1602）等是我国反封建思想的先驱，一定意义上带有民主性的色彩，泰州学派也由此成为"中国封建社会后期的第一个启蒙学派"。吴承恩年轻时曾在淮安的龙溪书院读书，书院就是以"王学"的代表人物王畿（号龙溪）的名号命名的。《西游记》中孙悟空身上所集中的以自我为中心、天不怕地不怕、皇帝老儿也不怕的精神，可以看出人本主义思想的影响。

吴承恩生活的时代，经济上已经产生了资本主义萌芽。除了盐业等少数几个行业还在实行以商人为主体的盐引制外，一些手工业都摆脱了官府的控制，沿海出现了大小不等的商业城市。同时也出现了新型关系，如纺织业出现了劳动雇佣关系，商品经济也得以迅猛发展，各种商会、行帮也相继出现。吴承恩生活的河下镇当时是淮安最繁华之地，地处漕运、盐运、河工、榷关、邮驿的重要地理位置，经济、文化高度繁荣，文人墨客、达官显贵、富商巨贾纷纷聚集，交游活动频繁，市民文学日益蓬勃发展，小说和戏曲创作进入一个全面繁荣兴盛的时期。但他的生活却总不如意，嘉靖十年取得了科举生员资格却在南京应乡试中名落孙山，三年苦读后仍然没有考中。两次乡试的失利，加上父亲的去世，对吴承恩都是沉重的打击，可以说"愧对父母，有负先人"，而自己既没有支撑门户的能力，也没有养家活口的手段，生活来源除每月从学府领回六斗米外，只能坐食父亲所留的遗产。

历经酸甜苦辣，吴承恩开始清醒地、深沉地思考社会、人生问题，用自己的诗文向不合理的社会抗争。大约71岁开始动笔创作，呕心沥血历时7年左右，在民间传说和话本、戏曲的基础上，经过艰苦的再创造，终于完成了这部堪称世界文学瑰宝的《西游记》。

二、探源溯流　思接千载
——了解故事原型

学习任务

1. 泛读《玄奘取经》，用"＿＿＿"画出玄奘让自己感动的地方。课外查找唐玄奘法师取经路线图，思考：玄奘要是从西藏或云南进入印度的话，至少要近 2/3 的路程，请结合相关的地理知识，推测玄奘取经舍近求远的原因。

2. 泛读《执着追求：玄奘取经故事形成的文化精神》一文，用"～～～"标注出玄奘西行取经意义的句子。思考：玄奘的取经为什么会变为故事？玄奘西行的最本质的内容是什么？

基础阅读

唐僧取经①
——玄奘西游

陈毓秀

历史上的唐僧姓陈，名祎，生于公元 604 年，唐朝人，十三岁出家当了和尚，法名叫玄奘。玄奘从小好学，为了钻研佛经，他周游了四川、湖北、河南、陕西等地，追访有名的佛学大师。可是佛教宗派很多，佛经的译文错误也很多，解释的经义往往互有矛盾。越钻得深，发现的问题越多。他决心亲自到佛教发源地天竺(今印度半岛)去，弄它个水落石出。

唐朝贞观年间，政府禁止私人随便出国。凡出入国境都要得到国家批准。627 年的 8 月，玄奘向政府申请出境，遭到拒绝。决心西游的玄奘，便夹在商人中间混出了玉门关，单人匹马地踏上了西行的征途。那一年，玄奘二十八岁。

过了玉门关，进入了一望无际的莫贺延碛。莫贺延碛是现在西安到哈密之间的大沙漠，有八百多里长，又称八百里流沙。白天"热风如火"，晚上却又"寒风如刀"，气候变化无常。茫茫黄沙之中，上不见飞鸟，下不见走兽，地上连小草也不长。玄奘孤身一人，只有一堆堆白骨和驼马粪当路标，引导前进。玄奘走着走着，不小心把一皮袋清水泼翻了。怎么办？回去取水吗？不能。玄奘发誓：宁可西进而死，决不东归而生，不到天竺，誓不回头。在滴水不进的困难情况下，他又走了四夜五天，口干唇焦，终于晕倒在沙漠之中。幸好，那里离水草地不远，到了夜半，凉风习习，把昏迷中的玄奘吹醒过来。玄奘的那匹识途的老马驮着他找到了水源，脱离了险境。

---

① 王宏志．龙的传人——中国历史上的一百个故事．北京：人民教育出版社，1985：154－159．有删节．

玄奘西行到了高昌(今吐鲁番东约二十公里),得到了信仰佛教的高昌王的热情支持。高昌王赠给他许多金银衣物,配备了五十多名向导和随从,写了二十四封给沿途各国君主的信,请他们多多关照玄奘。但是,路途仍旧多艰。玄奘一行来到了终年积雪的凌山(今天山山脉的穆素尔岭),山高七千米,山上有终年不化的冰河,狂风暴雪袭来,飞沙走石,往往把人埋没、砸死,或者冻死。玄奘一行人在冰雪封盖的大山中挣扎了七天,随行人员冻死了十分之三四。

经过一年的跋山涉水,第二年夏天,玄奘进入了天竺境内。那时候,印度半岛上有七十多个国家。玄奘从 628 年到 631 年,游历了北印度的二十多个国家,访问了许多佛教圣地,学习了梵文。到 631 年年底,玄奘来到了摩揭陀国的那烂陀寺。

那烂陀寺是天竺佛教的最高学府,有一万多僧徒,其中有许多具有医药、天文等各种知识的高僧。主持戒贤法师是天竺的佛学权威,一代大师。玄奘来到寺院的那一天,寺院听说东方支那国(即中国)的高僧来了,组织了一千多人的欢迎队伍,人人手捧点燃的香、鲜花,夹道迎接。玄奘向大家合十答礼,又恭敬地参见了戒贤,拜他为师。据说戒贤法师已经一百多岁了,早已不再讲学。但是为了表示对中国法师的友好情谊,破例为玄奘讲学十五个月。寺院对玄奘的生活也是以最高规格来款待的。每天供应瞻步罗果一百二十枚,槟榔子二十颗,荳蔻二十颗,龙脑香一两,"供大人米"一升。"供大人米"的米粒比乌豆还大,做出来的饭香甜可口,是当地特产,只供国王和大法师吃的,所以称为"供大人米"。此外,按月还供给油三斗。酥乳等每天可以随便取用,出门备有象舆。那烂陀僧徒一万多人,享受这样待遇的,连玄奘在内,一共只有十个人。玄奘在这里学习了五年,认真听讲以外,又贪婪地读完了寺里所藏的各种经书,取得优异成绩,成为天竺闻名的第一流佛教学者了。

玄奘并没有因此自满。后来,他又漫游印度东部、南部、西部各处,巡礼圣迹,访求名师。两年多以后重返那烂陀寺。戒贤法师请他在寺内讲经。

那时候,戒日王朝盛极一时,戒日王是天竺威望最高的一个国王。戒日王在都城曲女城(现在印度北方邦卡瑞季)举行了一次规模空前的学术辩论会。642 年 12 月,辩论大会开始。到会的有天竺十八个国王、三千个深通教义的高僧,还有那烂陀寺僧徒一千人,婆罗门教和其他各界人士二千多,再加上随从人员，总共不下一万人。赴会时，有的乘象，有的坐车，有的步行，浩浩荡荡，数十里不绝，真是盛况空前。玄奘是主讲人，叫做论主。玄奘在会上宣读了他用梵文写的论文。大家都被玄奘精辟的论述惊服了。十八天的会期，没有一个人驳倒他的论点。大会结束的那天，戒日王送给他金钱一万，银钱三万，僧衣一百领。按照当地风俗，戒日王请玄奘坐上一头装饰华丽的大象，绕场一周，两旁贵臣护卫，群众欢呼雀跃，学有所成的玄奘享尽了印度人民对他的赞颂和尊敬！曲女城大会使玄奘在印度享有极高的声誉。

玄奘离国已久，怀念祖国的心情越来越迫切。戒日王和各国国王、广大的僧俗人民再三挽留他。鸠摩罗国王甚至表示只要他肯留下来，要为他建立一百所寺院。无奈玄奘归国心切，留学求经的目的既然已经达到，说什么也要回国了。643年春天，西游十七年的玄奘辞别了戒日王和天竺的朋友们，满载着印度人民的友谊、荣誉和六百五十七卷佛经，启程回国了。

"玄奘回来了！玄奘回来了！"两年以后，当玄奘回到长安的时候，人们听说，这位不远万里、不辞艰辛到佛国去探索佛教真谛的大师，取回了真经，都兴奋地传递着这个消息。整个长安城都轰动了。玄奘把带回来的佛经佛像陈列在长安的朱雀街南端，请大家参观。争观的百姓人山人海，从朱雀大街到玄奘所住的弘福寺，排成了几十里长的队伍，焚香散花，鼓乐喧天，好不热闹。玄奘西游归来，成为长安城内轰动一时的盛事。

唐太宗听说玄奘从天竺载誉归来，也非常高兴。在洛阳亲自召见了他。玄奘叙述了一路上的见闻。唐太宗听得津津有味，要求他把旅途见闻写下来。《大唐西域记》一书就是由玄奘口述、由弟子辩机笔录的一部名著。书里记述了他亲自游历的一百一十个国家和听到的二十八个国家的山川、城邑、物产、风俗。后来被各国翻译，广泛流传，成为今天研究印度次大陆以及中亚古代历史地理的主要资料。

玄奘从洛阳回到长安以后，马上组织各地高僧一百多人，着手翻译佛经。长安大慈恩寺内的翻经院是专供他们翻译佛经的场所。经卷收藏在玄奘亲自设计修建的大雁塔里。大雁塔至今还屹立在西安城南，成为古都长安最显著的标志。

为翻译佛经，玄奘经常"三更暂眠，五更又起"。他这样夜以继日地工作了十九年，译出佛经七十四部、共一千三百多卷。664年2月，玄奘病逝于长安玉华宫内。后来，玄奘所译佛经的原本在天竺散失了。玄奘的译本就成为研究印度古代文化的珍贵史料。

玄奘是唐朝的和尚。和尚在当时叫"僧"，所以后人称玄奘为"唐僧"。唐僧玄奘到西方取经的事迹在民间广泛流传，越说越"神"，变成了神话。到了明朝，小说家吴承恩在民间传说的基础上，写成小说《西游记》。《西游记》里唐僧到西天取经的神话故事，跟玄奘到天竺取经的这段真事，虽然都被人们简称为"唐僧取经"，但这两个唐僧取经的内容，相去却有十万八千里了。

同伴分享

你的同伴通过上网查阅资料，结合所学的地理、历史知识，分析出玄奘取经舍近求远的原因：

1. 在唐朝的时候，云南、西藏大部分地区仍属于未开发或未知地区，人迹罕至，路径稀少。

2. 玄奘走的这条路，虽然现在看上去绕了很远，但在古代，却是一条很成熟的到印度的路线，也是被证明到印度可行的路线，因为这条路线从汉朝以来，就一直是商旅们所走的丝绸之路。

执着追求：玄奘取经故事形成的文化精神[①]

作为一个整体的人类文化，可以被称之为人不断自我解放的历程。语言、艺术、宗教、科学，是这一历程的不同阶段。在所有这些阶段中，人都发现并且证实了一种新的力量——建设一个人自己的世界，一个"理想"世界的力量。

——［德］恩斯特·卡西尔《人论》

在开列研究《西游记》的各种各样的问题之前，我们似乎应该考虑一个最基本的问题：玄奘取经为什么会变为故事？这是一个看似简单其实异常复杂的问题。由于在以下的论述中，对这个问题的回答会被许多技术性的探讨所淹没，所以我们在这里先作提要。

题记引用了当代德国著名哲学家恩斯特·卡西尔的一段话。这是关于"文化"的一段哲学化的归纳，如果换成通俗的语言，就是说"文化"（包括语言、艺术、宗教、科学）的核心，乃是人类对理想的追求。人类"发现"和"证实"理想的过程，就是文化的形成过程。

---

① 蔡铁鹰.《西游记》的诞生.北京：中华书局，2007：6－9。题目有改动。

借助于这段表述，我们可以归纳出上述问题的第一个答案：在哲学意义上，玄奘证实了任何理想都是可以实现的。

《大慈恩寺三藏法师传》告诉我们，当年玄奘归国到达于阗时（今新疆和田），曾志忑不安地上表给朝廷，表示了对多年前私自出关的歉意，希望得到谅解。但让他意想不到的是，李世民不仅亲自给他回了信，而且安排于阗至长安一路的官员沿途接送。玄奘进城那天，除了官员在城门外迎接，长安城里的百姓也倾城而出，欢迎这位从西天取经归来的大法师，按照《大慈恩寺三藏法师传》的说法，"其从若云"；数日后观看法物展示的官吏、僧侣和百姓，排成数十里的长队，以致有关部门为防止发生踩踏事故严令观看的人不得移动。百姓们并不了解这位玄奘法师的经历，也并不全都信佛，为何迸发出如此热情？

二十年后玄奘逝世，安葬在长安城东的白鹿塬。那一天，方圆五百里内有一百多万人赶来；入夜后，有三万多人露宿在他的墓旁。再五年后，玄奘被迁葬到樊州（今陕西西安南），迁葬那天，许多人又来送葬，情景不下于五年前初葬时。这是相当令人不解的，虽然他翻译出卷帙繁浩的佛经数十部，也基本奠定了唯识宗的基础，但这与普通百姓的关系毕竟有限，为何竟有百万之众为他送葬？

即以李世民而论，他对玄奘的兴趣与关心似乎也与佛学无关，因为他本人就不是一个佛教徒，在政治上他也号称是道教祖师老子的后裔。玄奘归国的第二年，当玄奘按照要求完成《大唐西域记》并与新近译出的佛经一起呈上时，他说了一段大实话：

> 朕学浅心拙，在物犹迷，况佛教幽微，岂能仰测？请为经题，
> 非己所闻。又云新撰《西域记》者，当自披览。

这段话出自《答玄奘法师进西域记书诏》，记录在《大慈恩寺三藏法师传》里，表现了李世民对佛经与对《大唐西域记》完全不同的态度：佛教太高深，为佛经题名的事请免吧；但《大唐西域记》一定是要看的。那么，又是什么使得他与儿子高宗能二十年如一日为玄奘提供了所需的一切？

应该说，当时的人们——包括李世民父子——对玄奘的热情乃是基于以上题记里说到的"发现"和"证实"。玄奘的西行，最本质的内容就是体现了人类对理想的执着追求，以及追求所必须的信念和征服各种阻碍的毅力。玄奘的理想并非高不可攀，但他的信念、毅力却是常人所不具备的，难怪李世民

在《大唐三藏圣教序》中用一句"诚重劳轻"评价玄奘，把玄奘百折不回的诚意看得最为重要。对于所有的人，理想都是永恒的存在，白日尚可做梦，何况入寝之后，套用时下的流行语，"一个不小心"，就有了数不清的美梦。但大家也都知道，美梦成真的前提是很苛刻的，常人并不具备那种信念和毅力，因而在和自己的对比中，每个人都会由衷地感受到玄奘的可敬可佩。这是玄奘取经为何会变为永久故事的第一个答案。

第二个答案是，在现实意义上，玄奘证明了任何理想都是可能实现的。这是唐初特有的社会背景赋予玄奘西行的意义。我们回顾历史的时候，往往慨叹唐朝人的气势恢宏与自信，想一想贞观初年玄奘出走时，正逢朝廷为防突厥骚扰而封闭玉门关，玄奘历尽千辛万苦；而他归国时，大唐的势力已经到了数千里之外的于阗，李世民在答玄奘的信中已经可以很轻松地说：沿途我已经安排了官员接送，他们不会让你再遇到困难。这仅仅是才过了十多年。李世民接见玄奘的时候，正在洛阳组织兵马征讨辽东，而他心里想的却已经是如何解决远在极西的西突厥，这种雄才，怎能不影响社会的风尚？通过玄奘的成功，刚刚完成统一壮举、跨入盛世的人们再一次证实了追求理想的可能，也发现了达到目的的力量，于是就由好奇而至由衷地钦服并直接表现为巨大的热情。这种热情的迸发，与我们今天对体育、探险、发明等超凡行为的兴趣和崇拜是完全一致的，其意义已经完全超越了玄奘取经的具体目的。而正是这种超越了具体目的的意义，使玄奘取经具备了成为文学表现对象的价值。

第三个答案在文学本身。在文学的意义上，玄奘的西行，提供了文学必须的自由创作空间。文学的形成，除了核心的哲学支柱与合适的社会背景之外，还需要事件本身具有必须的自由创作空间——历史上许多惊世骇俗的壮举，之所以没有被文学吸收，重要的原因就在于缺少这种空间。玄奘取经事件的宗教色彩和西域的传奇色彩恰恰为文学提供了充分的创作空间——宗教是神秘的，异域是新奇的，神秘和新奇都是酝酿文学的土壤。尽管玄奘并没有刻意渲染，但他的《大唐西域记》"采其山川谣俗"却不可避免地承袭了印度的许多宗教传说，这些传说，都被后人视为极好的创作素材，也成了玄奘本事切入文学的重要契机。

玄奘取经所激发出来的热情，对于文学来说，是极有活力、极有意义的社会因素，也是制约因素、规定因素，不管取经故事如何变化发展，它不能离开玄奘，也不能离开玄奘的精神。看看最后定稿的《西游记》吧，那里故事的实际主角已经演变为孙悟空，然而因为孙悟空而产生的情节不管多么眼花缭乱，唐僧坚韧不拔的精神仍然是不朽的灵魂。

同伴分享

读完全文后，有同学认为玄奘取经会变为故事的原因是：

玄奘的理想并非高不可攀，但他的信念、毅力却是常人所不具备的。玄奘西行，体现了人类对理想的执着追求，以及追求所必须的信念和征服各种阻碍的毅力。百折不回，可敬可佩，这也是玄奘西行最本质的内容。

第二课段 | 研读原著

苏联学者 C. 尼科里斯卡娅在《〈西游记〉的时间空间结构》中写道："要想表现种种预见到的突如其来的事件，空间必须是无限的，而且要有一个最合适的形式——'在路上'的形式。"①从现在开始，我们一起"在路上"，开启逐梦之旅。走"进"西游近 80 万字的原著，对同学们来说是学习征程中的一次巨大的挑战，它需要大家有"山高万仞脚下过"的执着与坚韧，有"不动笔墨不读书"的良好习惯。

这一课段有以下学习内容：

1. 通过略读前言、后记，浏览目录等，初步了解《西游记》的梗概。

2. 精读《西游记》，完成"阅读任务清单"上布置的任务。

本课段建议用 12 课时。

一、略读：观其大略

学习任务

1. 略读《西游记》一书的前言、后记、导读、知识链接和开头、结尾，找到并提取其中重要的信息，如《西游记》的思想内容、价值意义、风格特点等，这些信息在书中可用"＿＿＿"画出。

2. 浏览目录，了解情节，结合本书，谈谈章回小说的特点。

建议用 1 课时。

---

① 梅新林，崔小敬 . 20 世纪《西游记》研究 . 北京：文化艺术出版社，2008：627.

师生共学

如何有系统地略读一本书①

拿到一本书，你要在最短的时间内知道："这本书在谈什么？""这本书的架构如何？""这本书包含哪些部分？"要解决这些问题，就要学会略读一本书。

略读并不是随便或随意浏览一本书，而是通过概括地了解文章或片断的主要内容，快速获取所需信息的一种阅读方法。"你的目标是要从表面去观察这本书，学习到书的表面所交给你的一切。"下面是如何去做的一些建议：

（1）先看书名页，如果有序言接着看序言。

（2）研究目录页，对书的基本架构做概括性的理解。

（3）如果书中附有索引，也要检阅一下。

（4）如果是本包着书衣的新书或有腰封的，不妨读一下出版社的介绍。

（5）从你对目录很概略，甚至有点模糊的印象中，挑几个跟主题息息相关的篇章来看。

（6）最后一步，把书打开来，东翻翻西翻翻，念一两段，有时候连续读几页，读几段或几页，但不要太多。最重要的是，不要忽略最后的两三页。就算最后有后记，一本书最后结尾的两三页也还是不可忽视的。

同伴分享

（一）提取重要信息

从导读、前言、目录、小说的头尾等几个环节入手，可提炼出《西游记》的体例、内容、艺术特色，取经成员的身世及取经原因、功劳和成佛后的封号等重要信息。

1. 从前言、导读、知识链接入手

（1）《西游记》既属于章回小说又属于神魔小说。

（2）《西游记》共一百回，全书的内容可分为三部分：第一部分是第一至七回，写孙悟空的出世和大闹天宫。第二部分从第八回到十二回，写唐僧的身世、唐太宗入冥并交代取经缘由。第三部分从第十三回到一百回，写孙悟

---

① ［美］莫提默 . J. 艾德勒，查尔斯·范多伦 . 如何阅读一本书 . 郝明义，朱衣译 . 北京：商务印书馆，2008：31－33. 有删改 .

空、猪八戒和沙僧护送唐僧到西天取经，一路上降妖伏怪，历经九九八十一难，取得真经，终成正果。

（3）这部作品所表现的经验其实是多侧面和多层次的，它允许我们进行多角度的理解。

（4）《西游记》在艺术上最突出的特点是它的诙谐性。在小说中，一切都被世俗化了，将神佛世俗化……作品塑造人物的特点，即能做到物性、神性与人性的统一。

（5）在15—17世纪之间，对于中国小说艺术发展史来说，是一个令人瞩目的历史时期。世称的"四大奇书"：《三国演义》《水浒传》《西游记》《金瓶梅》都产生于此时，其中被鲁迅称之为"魁杰"、"巨制"的神魔小说《西游记》，就是吴承恩终其一生对中国小说史，也是对世界小说史奉献出的瑰宝。

> 神魔小说是以神仙鬼怪为题材的小说，它源于魏晋的志怪小说，至明代兴盛起来。其内容多为神魔斗法、修仙取道之类，大多取材于宗教故事和神话传说，宣传因果报应、佛法无边、得道升天等宗教迷信思想，充满荒诞虚幻色彩。其语言风格不拘一格，想象力丰富，《西游记》是神魔小说中最有名的，比较优秀的还有《封神演义》《镜花缘》等。

小贴士

2. 从《西游记》开篇诗中入手

"混沌未分天地乱，茫茫渺渺无人见。自从盘古破鸿蒙，开辟从兹清浊辨。覆载群生仰至仁，发明万物皆成善。欲知造化会元功，须看西游释厄传。"

从混沌鸿蒙、开天辟地开始，却落在"仁""善"二字上，这就是《西游记》的慈悲精神。"释厄"即佛教的救赎，《西游记》也可理解为个人的救赎，"成正果"即成佛。

3.《西游记》的结尾入手

（1）《西游记》最后两三页中交待了取经成员的身世及取经原因、功劳和成佛后的封号。如：

唐僧，前世是如来的二徒弟金蝉子，因不听佛法、轻慢大教被贬，转生东土，后来取得真经，功德圆满，加升大职正果，被赐封为旃檀功德佛。

孙悟空因大闹天宫，被如来佛祖压在五行山下，经观世音菩萨点化，拜唐僧为师，同往西天取经。取经路上，孙悟空降妖除怪，屡建奇功，最终修得正果，封为"斗战胜佛"。

（2）从《西游记》的结尾可看出，师徒取经十四年，历经九九八十一难，道出矢志不渝的坚韧。最后又提到慈悲之心，报恩之求，正所谓"不忘初心，方得始终"。

（二）了解章回小说的特点

从《西游记》的目录可以发现它是分章回叙事的，是章回小说。章回小说的故事由若干章节（回）连接而成，少则十几回，多则百余回。每回叙述一个较为完整的故事，题目用两句对偶文字标出，概括本回的故事内容，如《西游记》第七回回目为"八卦炉中逃大圣，五行山下定心猿"，第一百回回目为"径回东土，五圣成真"。每回末有"毕竟不知……何如，且看下文分解"，如第七回结尾为"毕竟不知那猴王性命何如，且看下文分解"。各回故事既有相对的独立性又互为衔接，个中故事一般情节曲折，线索清楚，便于读者阅读。

章回体小说是中国古典长篇小说的主要形式，它是由宋元时期的"讲史话本"发展而来的。"讲史"就是说书的艺人们讲述历代的兴亡和战争的故事。讲史一般都很长，艺人在表演时必须分为若干次才能讲完。每讲一次，就等于后来章回体小说中的一回。在每次讲说以前，艺人要用题目向听众揭示主要内容，这就是章回体小说回目的起源。章回体小说中经常出现的"话说"和"看官"等字样，正可以明确看出它与话本之间的继承关系。

经过长期的孕育，在明代初年出现了首批章回体小说，其中著名的有《三国志通俗演义》《水浒传》等。这些小说都是在民间长期流传，经过说书艺人补充内容，逐渐丰富，最后由作家加工改写而成的。明代中叶以后，章回体小说的发展更加成熟，出现了《西游记》《金瓶梅》等著名作品。由于社会生活日益丰富，这些章回体小说的故事情节更趋复杂，描写也更为细腻，它们在内容上和讲史已没有多少联系，只是在体裁上还保持着讲史的痕迹。

二、精读：咀其精华

学习任务

1. 完成至少 70 回的阅读。
2. 完成"阅读任务清单"上布置的任务。

阅读建议

每天除语文课阅读之外，课外再阅读一小时以上，每天读 3 回，周末读 20 回，利用三周时间阅读完毕，最低阅读量为 70 回。

第一，《西游记》虽然是长篇巨制，但是却是由许许多多的短篇小故事连缀而成。郑振铎曾说，这个组织像是个蚯蚓似的，每节都能独立，砍去其一节一环，仍可以生存。所谓八十一难，细细琢磨，完整的故事也就四十几个。作者就是通过这样既联系又独立的四十几个小故事组成了五光十色的西行历险图。除必读内容外，降妖伏魔部分剩下的内容可用选读的方式阅读。

必读内容为：石猴出世·大闹天宫（第一至七回），取经缘由·师徒来历（第八至二十二回），屡遭挫折·降妖伏魔（第二十三回、第二十七至五十二回、第五十六至六十一回、第六十五至六十六回、第六十八至七十一回、第七十二至七十七回、第八十四至八十六回），到达灵山·取得真经（第九十八至一百回）。

必读内容除涉及取经因果外，涵盖了书中最精彩的章节，应当精读，如孙悟空大闹天宫、猪八戒高老庄娶媳妇、三打白骨精、三借芭蕉扇、车迟国斗法、真假美猴王、智取红孩儿、女儿国遇难，等等。其他章节可用跳读的方法，如：第二十四至二十六回，从回目（标题）即可知事情的来龙去脉："万寿山大仙留故友 五庄观行者窃人参"、"镇元仙赶捉取经僧 孙行者大闹五庄观"、"孙悟空三岛求方 观世音甘泉活树"。第二十六回末尾镇元子开人参果会，款待观音、诸仙与唐僧师徒，并与悟空结为兄弟。

第二，全班同学共读《西游记》，组与组之间、同学与同学之间可以开展竞赛，营造更好的读书氛围。可让学生分组出"走进《西游记》"的板报。

板报必备栏目一：《西游记》阅读排行榜

黑板右侧，每天更换，注明看书总回目。语文课代表每天在花名册上以"正"字统计，反馈读书情况，并在黑板上书写看书量前五名的同学，即"每日读书之星"，各小组的小组长书写四人小组（最好是前后四人，方便大家互相督促）的看书总量。

板报必备栏目二：征集问题·每日一问

同学们可以把自己疑惑不解或自认为有价值的问题，随时在班级的黑板上呈现出来。问题的答案也可以打印出纸质稿，或电子文稿。

第三，把"阅读任务清单"（见本书最后，可剪下）粘贴在笔记本上。清单所列内容为读《西游记》的统筹安排，贯穿于整个专题学习中，请按要求逐步完成清单上的内容，确保阅读计划能有效实施，每完成一项即在其后面画"√"。

阅读任务清单

1. 小组轮流出黑板报："走进《西游记》"。

2. 四人为一组，合作完成。

(1)依阅读进度画出唐僧师徒的取经路线图。

(2)列举唐僧师徒取经路上遇到的妖怪（最好能按顺序，并将有背景的、有神佛相助的标出来）。

(3)出一份有关《西游记》的手抄报，题目自拟。

(4)思考：为什么要取经？取经路上碰到哪些困难？假如没有妖怪……

3. 阅读时，请结合自己的阅读进程，完成故事梗概的梳理。

4. 摘抄《西游记》中的经典语言：成语、谚语、歇后语等（笔记本）。

5. 摘抄人物精彩的语言、动作描写（笔记本）。

6. 批注人物性格，记下心得体会。

7. 说出自己印象最深刻的情节。

8. 谈读后的心得体会，结合整本书的1个，结合某一片段的3个以上（笔记本）。

9. 与以前读过的彩图版、少儿版《西游记》或电视剧对比，有理有据评说。

10. 针对《西游记》提一个问题，或谈一个你已经解决的问题。

阅读任务清单说明：

（一）梳理故事

1. 根据自己的阅读进程，每日完成相关的故事梗概的梳理

（1）石猴出世·大闹天宫（第_____回至第_____回）

东胜神洲有一_____山，山顶一石，受日精月华，产下一石猴。石猴四海求师，在_____洲得到_____指授，得名_____，学会_____变化，一个_____可行十万八千里。归来后自号"_____"，去_____借兵器，得大禹定海神铁，化作_____棒，可大可小，重一万三千五百斤。又去_____，把猴属名字从生死簿上勾销。龙王、地藏王去天庭告状，玉帝欲遣兵捉拿。

_____建言，把孙悟空召入上界，授他做_____，在御马监管马。猴王初时不知官职大小，后知实情，打出天门，返回花果山，自称"_____"。

玉皇大帝派_____率天兵天将捉拿孙悟空，美猴王连败_____二将。太白金星二次到花果山，请孙悟空上天做齐天大圣，管理蟠桃园。孙悟空偷吃了蟠桃，又搅了_____的蟠桃宴，盗食了太上老君的金丹，逃离天宫。玉帝再派李天王率天兵捉拿，双方争持不下，观音菩萨举荐灌江口_____助战。孙悟空与_____赌法斗战，不分胜负。_____使暗器击中悟空。

猴王被擒。玉帝使刀砍斧剁、火烧雷击，不能损伤悟空分毫。太上老君又把悟空置丹炉锻炼，七七四十九日开炉，孙悟空依然无伤，在天宫大打出手。玉帝请来_____，把孙悟空压在_____山下。饥时，给他铁丸子吃，渴时，与他熔化的钢汁喝。

（2）取经缘由·师徒来历（第_____回至第_____回）

如来佛祖因_____洲贪淫乐祸，多杀多争，派_____去东土寻一取经人，去往西天取经，劝化众生。菩萨在_____、_____、_____分别度化沙悟净、猪悟能、孙悟空三人，将来做东土取经人的徒弟，又度化_____给取经人做脚力。

唐太宗开科取士，海州陈光蕊得中状元，被丞相之女殷温娇抛球打中，做了佳婿，但在去江州上任途中被贼艄刘洪、张彪谋害。殷温娇产下一子，抛流江中，被金山寺法明和尚所救，取名江流，十八岁受戒。法名_____。后玄奘母子相见。报了前仇。

_____因赌卦少降雨水，触犯天条当斩，求唐太宗救命。大臣魏征梦斩泾河龙王，太宗魂魄被迫入阴司对证。还生后修建"水陆大会"。请陈玄奘主行法事，开演诸品妙经。观世音显像，指化陈玄奘去西天取真经。唐太宗认玄奘御弟，赐号_____。

唐三藏西行，出离边界即落入魔洞，得_____解救。在五行山揭去如来的压帖，救出孙悟空，赐号_____。因孙悟空打死劫经的强盗，受唐僧数落，孙悟空一怒离去，_____化作老母，传给唐僧一顶嵌金花帽，一道紧箍咒，哄骗悟空戴上金花帽，金箍嵌入肉中。唐僧念动咒语，悟空就头疼难忍，以此为唐僧钳束悟空的手段。

师徒二人西行，在鹰愁涧收伏白龙，白龙化作唐僧的坐骑。在观音院，因悟空卖弄锦斓袈裟，引起_____贪心，要火烧唐僧师徒，反被悟空弄法烧了禅院。混乱中，袈裟被_____窃走，孙悟空去南海请来_____，自己变化仙丹，诱黑风怪吞下，降伏此怪。

二人继续西行，来到高老庄，庄主女儿被一长嘴大耳妖怪强占。悟空追赶妖怪来到云栈洞，得知妖怪为_____，因调戏嫦娥被贬下界，误投猪胎。经观音收伏，赐名_____，在此等候取经人，遂引其拜见唐僧，赐号_____，做了唐僧的第二个徒弟。后来唐僧在浮屠山得_____传授《多心经》。在黄风岭遇怪刮黄风迷人，孙悟空请须弥山_____降伏此怪。在流沙河，他们又收伏了观音赐名_____并令其在此等候东土取经人的水怪，赐号_____，做了唐僧第三个徒弟。师徒四人跋山涉水，西去取经。

（3）屡遭挫折·降妖伏魔（第____回至第____回）

_____欲试唐僧师徒道心，和黎山老母、普贤、文殊化成美女，招四人为婚。唐僧等三人不为所动，只_____迷恋女色，被菩萨吊在树上。

在万寿山五庄观，悟空等偷吃人参果，推倒仙树，被_____拿获。悟空请来观音，用甘露救活仙树。

白骨精三次变化，欲取唐僧，都被悟空识破，将妖怪打死。八戒趁机进谗言，唐僧不辨真伪，逐走悟空，自己却被黄袍怪拿住。

被黄袍怪摄入洞中的百花公主放了唐僧并央他到_____国给父王送信，前来搭救。八戒、沙僧斗不过黄袍怪，沙僧被擒，唐僧被变作_____。八戒欲回高老庄，经白龙马苦劝。到花果山请回孙悟空，降伏妖魔，师徒四人继续西行。

平顶山莲花洞_____、_____，欲拿唐僧，并有葫芦、净瓶、宝剑、扇子、魔绳五件宝器，神通广大。悟空与之斗智斗勇。屡经磨难，才降伏二怪。

_____国国王被狮精推入井内淹死。狮精变化国王。国王鬼魂求告唐僧搭救，八戒从井中背出尸身，悟空又从太上老君处讨来金丹，救活国王。狮精原来是_____的坐骑_____所化。

牛魔王的儿子_____据守火云洞，欲食唐僧肉。悟空抵不过他的_____。请来_____降妖。红孩儿被降伏，做了_____。

黑水河龙王变作艄公。诱唐僧、八戒上船，沉入水府。孙悟空请来西海龙王太子摩昂擒龙回西海。

_____国虎力、鹿力、羊力三位大仙乞雨救旱有功，做了国师，国王敬道灭僧。悟空等与三法师斗法，一一挫败他们，使之现了原形。

_____座前莲花池内_____修炼成精，在通天河岁食童男童女。悟空和八戒变作童子，打退妖怪。妖怪作法，使通天河封冻，诱唐僧上冰上行走，摄入水府。菩萨赶来，把金鱼收回南海。

_____骑的_____趁看守童打瞌睡，偷了金刚琢下界作怪，在金兜洞把唐僧捉去。悟空请来雷公、水伯、十八罗汉等，都被妖怪用金刚琢把兵器收去，后来找到_____，方把青牛收伏。

师徒四人继续西行。唐僧、八戒喝_____河水受孕，悟空取来落胎泉水，解了二人胎气。

西梁国王欲招唐僧做夫婿，悟空等智赚关文，决意西行，唐僧却被琵琶洞_____变化的女妖摄去。悟空请来昴日星官，昴日星官化作双冠子_____，使妖怪现了原形，死在坡前。

_____趁机变做孙悟空模样，抢走行李关文，又把小妖变作唐僧、八戒、沙僧模样，欲上西天骗取真经。真假二悟空从天上杀到地下，菩萨、玉帝、地藏等均不能辨认真假，直到雷音寺_____处，才被佛祖说出本相，猕猴精被悟空打死。

师徒四人和好如初，同心戮力，赴奔西天。在_____山欲求铁扇公主芭蕉扇扇灭火焰。铁扇公主恼恨孙悟空把她的孩子红孩儿送往灵山做童子，不肯借，悟空与铁扇公主、_____几次斗智斗勇，借天兵神力，降服二怪，扇灭了大火。师徒四人得以继续西去。

后来，师徒四人又先后除去了万圣老龙和九头虫驸马、黄眉怪、蜘蛛精，蜈蚣精和青狮、白象、大鹏三怪。

_____国王被圣寿星坐骑_____变化的国丈迷惑，欲用一千一百一十个小儿的心肝做药引。悟空解救婴儿，败退妖邪。

陷空山无底洞里_____精又变化为女子掳唐僧强逼成亲。孙悟空访知_____精是_____的义女，上天庭告状，李天王把其押回天庭发落。

灭僧国王发愿杀一万僧人，孙悟空施法术，把国主、后妃及文武大臣头发尽行剃去，使国王回心向善，改灭法国为_____。

隐雾山_____精欲食唐僧肉，被悟空用瞌睡虫睡倒，八戒一耙结果了妖怪性命。

师徒四人到_____国，郡侯张榜求雨。悟空访知原委，劝郡侯向善，天降甘霖。师徒来到玉华州，因教授王子学艺，被黄狮精盗走兵器。悟空等三人夺回兵器，黄狮精投奔祖翁九灵元圣，即太乙救苦天尊坐下_____所化。悟空请来太乙天尊，收伏了狮怪。

来到金平府，唐僧元宵夜观灯，被玄英洞辟寒、辟暑、辟尘三个_____摄去。悟空请来四位星宿擒拿三怪，斩首示众。

在天竺本国，唐僧被月宫_____变化的假公主抛彩球打中，欲招为驸马。悟空识破真相，会合_____擒伏了玉兔，救回流落城外的真公主。

在铜台府地灵县寇员外家化斋后，寇家遭劫，寇员外丧生。唐僧师徒被当作强盗逮捕入狱，悟空入_____招回寇员外灵魂，案情大白。

(4)到达灵山·取得真经

师徒四人历尽千辛万苦终于来到了灵山圣地，拜见佛祖，却因不曾送人事给_____、_____二尊者，只取得无字经。唐僧师徒又返回雷音寺，奉唐王所赠_____做人事，这才求得真经三十五部五千零四十八卷，返回东土。不想九九八十一难还缺一难未满，在通天河，_____又把四人翻落河中，湿了经卷。

唐三藏把佛经送回长安，真身又返回灵山。三藏被封为_____佛，悟空、八戒、沙僧和白龙马也分别受封为_____、_____、_____，各归本位，共享极乐。

2. 画取经路线图

同学们还可以依自己的阅读进度画出唐僧师徒的取经路线图，也可以约看书进度差不多的同学一起完成，画图时要注明遇到的妖怪及解决问题的帮手。

同伴分享

《西游记》取经路线图（地名·妖怪名·成员风）

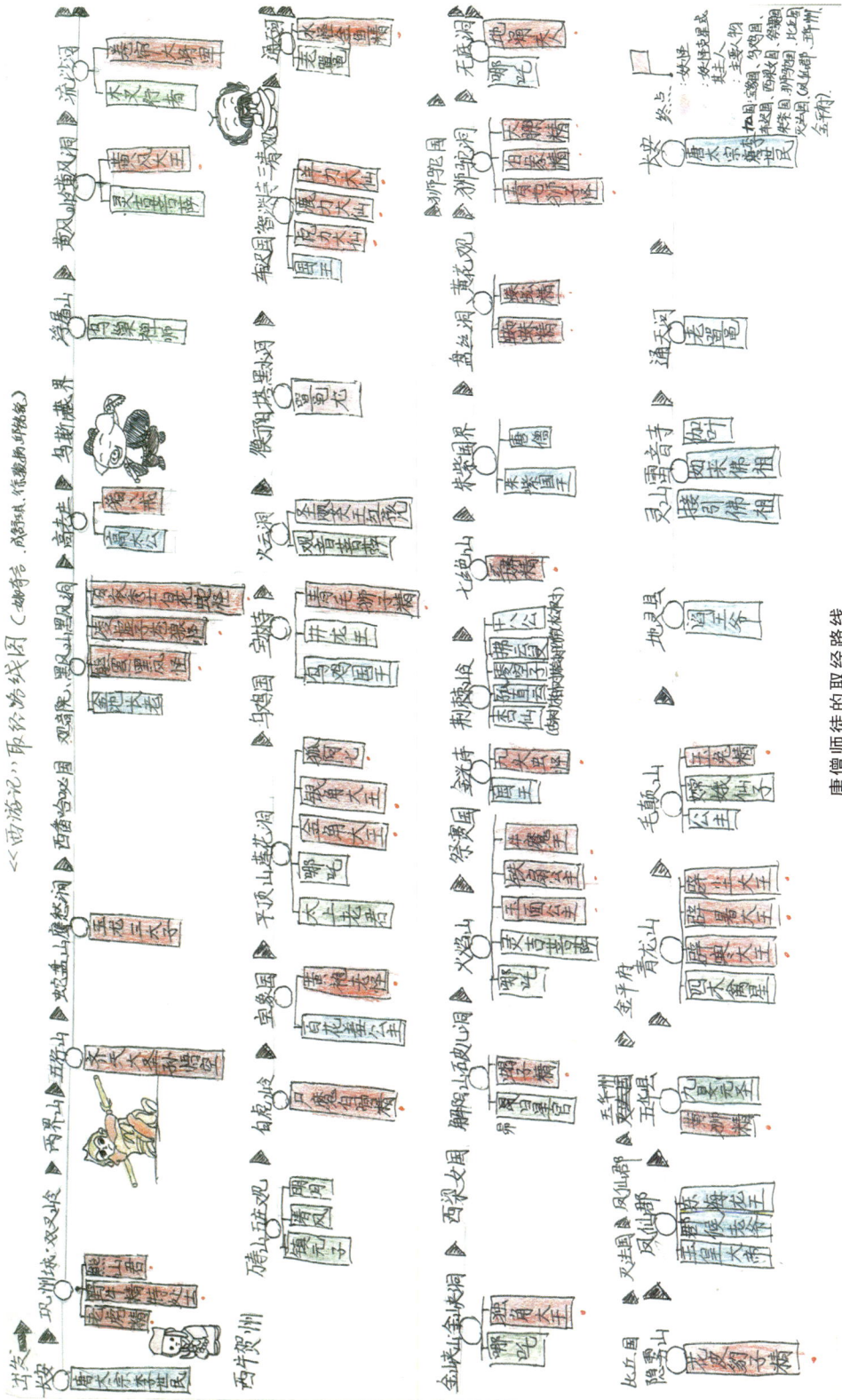

唐僧僧徒的取经路线

(二)批注摘抄

1. 批注

批注式阅读是指在自主阅读时，对文章的语言进行感知，对文章的内容、层次、思想感情、表现手法、语言特点、精彩片段、重点语句，在思考、分析、比较归纳的基础上，用线条符号或简洁的文字加以标记。这种阅读方法是古今中外通用的一种简便易行的读书方法。可从感想、质疑、联想、评价、补充等几个角度进行批注。读书时的一闪之念、瞬间之思，都可随时在书页的空白处记下要点。

批注示例：

第四十八回《魔弄寒风飘大雪　僧思拜佛履层冰》中："八戒道：'你那里得知？要稻草包着马蹄方才不滑，免交跌下师父来也。'"【此处属人物的语言描写，在文中可先用"﹏﹏"画出，然后，可以这样批注："八戒亦有细心之时。"】

2. 摘抄

"好记性不如烂笔头"，读过有痕，学有所得，应该成为我们阅读经典的最低要求。在已准备好的 16 开本笔记本上摘抄，摘抄时学会归类，自己拟上标题。如：已看内容的目录；孙悟空、唐僧、猪八戒、沙僧、观音、妖怪的精彩描写(可按优、缺点分开摘录)；趣味语文(成语、俗语……)。每页旁边留下三分之一的空白，可随时记下自己的感悟、想象和联想，从多个角度进行批注。

笔记示例：

(1)已看内容的目录

记下每天阅读内容的目录，一是督促自己，二是熟悉章回体小说的回目拟题技巧：常用对偶句，概括本回的故事内容。

第一回 灵根育孕源流出　心性修持大道生

第二回 悟彻菩提真妙理　断魔归本合元神

……

(2)《西游记》中的趣味语言

《西游记》中"常言道"、"俗语云"、"古人云"中引用的语言，对研究作者当时的风俗极有帮助，这些"老古话"很多现在还"活着"。

人有善念，天必从之；

天有不测风云，人有旦夕祸福；

……

（3）《西游记》中的成语与歇后语

三头六臂　拖男契女　三五成群　长年累月　福星高照　一本正经　万事不求人

猪八戒啃猪蹄——不知自觉（脚）

猪八戒照镜子——里外不是人

……

（4）主要人物的精彩描写（可按人物的优点、缺点分页摘录）

八戒的精彩语言、动作

那八戒闻得这番富贵，这番美色，他却心痒难挠，坐在那椅子上，一似针戳屁股，左扭右扭的，忍耐不住，走上前，扯了师父一把道："师父！这娘子告诉你话，你怎么佯佯不睬？好道也做个理会是！"（八戒好色、贪财。）

（5）《西游记》中的敬称、谦称

敬称：尊师、圣僧、高徒、贤弟、陛下……

谦称：贫道、顽徒、小僧、微臣、拙女……

小贴士

作为神魔小说，尤其是表现去西天取经的故事题材，《西游记》中大量出现了佛教词汇。如：智慧、涅槃、因果、一尘不染、浮屠、不二法门等。佛教对汉语词汇的影响是巨大的，很多我们耳熟能详的词语其实都来自佛教，比如：刹那、瞬间、世界、现在、未来、恍然大悟、圆满、相对、绝对、境界、圆满等。这些词在明代已经成为社会共同语的重要组成部分，深深影响着人们的生活。

如果要了解《西游记》中佛教的相关知识，可阅读魏武、朱华丽的《浅谈〈西游记〉中的宗教文化和宗教思想》[《现代语文（学术综合版）》，55～56页，2009年01期]。

（三）质疑问难

俗话说，"学问学问，一学二问"。我国古代教育家孔子主张"博学"要从

"多问、多闻、多见、多识"着手。提出问题，便是思考的开始。

同学们可以把自己疑惑不解或自认为有价值的问题，随时在班级的黑板上呈现出来。知道问题答案的同学可以直接写出来，如果答案较长，也可以用纸质稿张贴。

同伴分享

有同学在阅读中提出这样的问题：《西游记》中的观音究竟是男的还是女的？为什么《西游记》中没见到"她"？

提出问题后，同伴通过搜索"观音"的相关资料，了解了观音菩萨传入中国和由男"变"女的历史，然后再搜索"她"字的由来，从而得出了答案：

我国四大发明的外传和世界三大宗教的传入都是开放与交流的结果。佛教在西汉末年传入中国。佛教文化对中国和世界影响深远！在佛教供奉的菩萨中，知名度最高的要数"德高望重"的观世音了。观世音是印度古梵文的意译。她是一位佛教的大乘菩萨，在西汉时随同"丝绸之路"上的商人和僧人一起来到中国安家落户。据竺法护翻译的《妙法莲华经·观音菩萨普门品》说，观世音能以视代听，以耳代目，当世间众生遇难呼救观世音时，菩萨可即时"观"其音而来救助解脱，故名"观世音"。后来为避唐太宗李世民的名讳而简称"观音"，沿用至今。释迦牟尼佛说，观世音早在过去的无量劫中，已经成佛，称"正法名如来"。为了和所有的菩萨一齐度化众生，所以仍然作菩萨。

观音菩萨在中国可谓家喻户晓，妇孺皆知。观音头戴宝冠，身披璎珞，锦衣绣裙，秋波流慧，玉容含情，左手托净瓶，右手拿柳枝，足踏莲台，法像端庄。

观音菩萨初来中国时本为男身，敦煌壁画中观音还有两撮小胡子。现藏英国伦敦大英博物馆的唐代绢本《引路菩萨图》中的观音就是男身，嘴上蓄着胡子。有的佛经说，观音本是古代天竺国（今印度）"转轮王"的大王子，善男身。佛教的《楞严经》上说观音菩萨能现 32 应身，至于是男是女，则是根据需要而显示出不同的应身。《楞严经》上还说观音菩萨还能变出 33 种化身。这 33 种化身又是站卧坐皆有，或动或静，可谓形态各异了。据《千手千眼观音菩萨广大圆满无碍大悲心陀罗尼经》说，观音菩萨要普度众生、超脱世人，于是长出千手千眼，寻声救苦，做到千处有求千处应。观音菩萨既然能救难送子，造福众生，仁慈可亲，那人们理想中的观音菩萨就应当是女性！所以后来的观音菩萨就以女性形象出现了。早期观音像带有西域人的风姿，长眉、深目、高鼻、裸露上身。北魏时的观音面容娟秀，隋唐时的观音浓丽丰满。宋代的观音丹凤眼、眉入鬓，玉面天生喜，朱唇一点红，潇洒飘逸，风度翩翩。元、明、清各代的观音菩萨没有形成突出的特点。佛像风格的变化也是时代审美水平变化的镜子。观音信仰超越了佛教的范围而具有了民俗文化的色彩。

《西游记》第八回中，首次对观音菩萨作了正面的外貌描写。"眉如小月，眼似双星。玉面天生喜，朱唇一点红。净瓶甘露年年盛，斜插垂杨岁岁青。"在这里，与其说观音被描写成一位法相庄严的女菩萨，还不如说作者就是按照人世间美貌女子的形象塑造"她"的。这十分典型的女性形象，符合了唐代以后流传在民间的观音传说。

"她"的由来："她"并不是古代就有的，这个字直到20世纪20年代才出现。在古代，对女性的第三人称也称其为"他"。为了提倡对女子的尊重，"五四"以后，有人用"伊"字代替女性的"他"，但"伊"与"他"并用，常常造成混乱。1922年，语言学家刘半农创造了"她"字，并提出用"她"来指代第三人称女性，当时遭到封建保守势力的攻击和反对，但却很快得到人们的赞同和认可，各种字典也都收录了这个字。专指第三人称女性的"她"字也渐渐被广泛使用开来。

结论：《西游记》中的观音应该是女的，但由于"她"字1922年才出现，用的是"他"。

第三课段 | 阅读交流

在前期深入研读的基础上，接下来的西游之旅，是举办读书交流会。与他人交流、分享过程中，同学们可充分展示自我风采，也能推动和成就团队的共同成长。

活动形式有情景剧表演、人物访谈、电影配音、朗诵、质疑辩论、有奖问答、写颁奖词等。在活动中感受经典、理解经典；在活动中汲取语言、思想和精神的营养，能更好地享受经典的魅力。

此课段采用先全班交流后分组交流的形式，建议用 10 课时。

一、读"西游"，养品性

学习任务

1. 围绕情节、人物等各出一道选择题、填空题、问答题，作为课堂抢答的题目。

2. 任选一个角度，谈自己读《西游记》的发现。

3. 读鲍鹏山的《换一种读法〈西游记〉》，列举《西游记》中体现"神魔皆有人情，精魅亦通世故"的一个事例。

4. 概述唐僧师徒取经路上最深刻的一个故事或片段，再谈获得的启示。

（一）第一步：知内容

考考谁是"西游通"：每位同学围绕情节、人物等各出一道选择题、填空题、问答题，再从中挑选 30 题作为课堂抢答的题目。

同伴分享

1. 师徒四人去西天取经，共经历_____难，经过_____国家，取得真经_____部。

2. 观音菩萨在 _____ 、 _____ 、 _____ 分别度化沙悟净、猪悟能、孙悟空三人，将来做东土取经人的徒弟，又度白龙给取经团队做脚力。

3. 灭僧国国王发愿杀一万僧人，孙悟空施法术，把国王、后妃及文武大臣的头发尽行剃去，使国王回心向善，改灭法国为_____。

4. 对出"花果山福地"的下联_____。

5. 唐僧、悟空、八戒、悟净、白龙马最后分别被封为什么？

(二)第二步：说发现

这个环节考察对文本内容的提炼、概括能力，同学们可以结合小组合作的取经路线图、人物关系图及原著，以"读《西游记》，我发现……"的形式发言，交流时以小组为单位，每组派一人上台书写本组成员的发言要点。

谈发现，可从多个角度，如从人物入手：取经团中，唐僧是非不分，总是怪错他人，没有想过自己的错；妖怪中，有背景的妖怪比较难缠，没有背景的妖怪更容易打，妖怪也讲孝道有人性；神佛中，玉帝也心胸狭窄，为了惩罚凤仙郡郡侯对上天的无理，立下三桩誓愿才同意给那里下雨……考虑问题时要联系多方面的事物和人物，建立事物间的关系，从关系入手："妖怪"、"神佛"、"取经团"可以说是相辅相成的，阻力、助力形成合力，成就取经团的事业。也可从形式(章回体)、内容(取经的时间、地点、人物，事情的起因、经过、结果)、语言、艺术特色等入手。下面以《西游记》中的"奇"与"趣"为例，呈现你的同龄人读《西游记》时的发现。

1. 谈谈《西游记》中的"奇"

《西游记》是一部奇书，清代张书绅《新说西游记总批》中概括为"五奇"，即环境"皆奇地"，人物"皆奇人"，故事"皆奇事"，时空"皆奇想"，"诗词歌赋，学贯天人，文觉地记，左右回环，前伏后应，真奇文也。"[①]从这句话中我们可以看出《西游记》文章的奇妙，也包括了语言的奇特。

环境、人物、故事、时空、语言皆"奇"，这在古今小说作品中是罕有相匹的。

同伴分享

以下是你的同龄人对"奇"的发言整理，看完后请你也来补充。

---

① 蔡铁鹰.西游记资料汇编.北京：中华书局，2010：619.

人物奇特 《西游记》中的神魔，有奇特的形貌、奇特武器，有变化莫测的神通、超越自然的生命。如孙悟空，天上地下，冥府龙宫，七十二般变化，十万八千里的筋斗云，无所不至，无拘无束。第六回写孙悟空与二郎真君斗法，孙悟空一会儿变作一只麻雀，一会儿变作一只大鹚老，一会儿变作一条小鱼，一会儿又变作一条水蛇，最后变作一座土地庙，只有尾巴不好变，竖在后面，变作一根旗杆。

里面的妖魔鬼怪，除了具备人的思想品质外，还有动物习性，如盘丝洞中的七个蜘蛛精，能从肚脐眼里冒出丝绳，把一座庄园罩住，"那丝绳缠了千百层厚，穿穿道道，却似经纬之势，用手一按，有些粘软沾人。"

环境奇特 除天宫、地府、龙宫、花果山、水帘洞外，还有鹅毛都托不起的流沙河；寸步难行的黄风岭；有经过此地，即使是"铜脑盖，铁身躯，也要化成汁"的火焰山。

东西奇特 如：人参果是"遇金而落，遇木而枯，遇水而化，遇火而焦，遇土而入"；芭蕉扇扇着人能飘八万四千里远，而且可以缩小成为一片杏叶儿大，放在嘴里。

2. 谈谈《西游记》中的"趣"

鲁迅先生认为《西游记》中"神魔皆有人情，精魅亦通世故"①，读完下文，请列举两个事例阐释鲁迅的认识。

基础阅读

《西游记》：换一种读法②

鲍鹏山

《西游记》在中国文学史上出现是令人大为惊异的事。盖国人忠厚敦实，重实在而少玄想，安土而重迁，父母在而不远游。即如《西游记》所叙西游之人，除猪八戒在高老庄留下一个家眷外，其他三人都了无牵挂，说得再直白一些，他们四人中至少三个都不是"人"——两个来自天上，一个是从石头缝里蹦出来的。而剩下的那一个人，却又是人中的"异类"——和尚——和尚是四大皆空的。如此这般，这四位方才有这样长年在外游荡的可能。而他们这

① 鲁迅.中国小说史略.北京：商务印书馆，2011：154.
② 鲍鹏山.《西游记》：换一种读法.中学生阅读（高中版）（上半月），2009(06)：24－27.

样近乎浪漫的西游，对于生活在自给自足封建小农经济环境下裹足不前的古代读者，是多么巨大的精神诱惑啊！

《西游记》之怪异还不仅在此，其最大的另类之处在于它实在是游戏笔墨。这与传统文学之重道德教训，面目颇为不同。所以，读《西游记》，也要换一副眼光，换一副心肠，才能看出其价值和韵味。胡适说："几百年来，读《西游记》的人都不太聪明了，都不肯领略那极浅极明白的滑稽意味和玩世精神，都要妄想透过纸背去寻'微言大义'。"(《〈西游记〉考证》)鲁迅在此基础上，更明确地说："此书则实出于游戏。"(《中国小说史略》)这两位的眼光不仅空前，而且从此后的学界研究来看，简直是要绝后。此后的绝大多数学者，都把《西游记》归于庸俗社会学，对其主题、人物作社会学的指认。比如有关《西游记》的主题，学者们就说是阶级斗争，是压迫与反抗，是统治阶级与劳动人民的对立等。与之相关，就是大闹天宫的孙悟空变成了农民起义的英雄。

用这种眼光来读《西游记》是无聊的，无趣的。实际上，《西游记》是全新的东西，是作者的游戏笔墨，我们也就要用游戏的心态去读。

你看书的名字，就叫《西游记》，而不是什么一本正经的《取经记》《斗魔记》《斩妖记》《成佛记》等。这就是要告诉我们，这是"游"，这师徒四人，固然有取经的大目标、大理想，但在作者那里，实际不过是一个"游西"的小由头，他真正津津乐道让我们读得津津有味的，不是师徒四人取经的所谓坚定坚忍、苦难历练、终获正果，恰是师徒四人路途中的"趣味"。在作者笔下，连精魅妖魔都是有趣味的。纯粹的恶魔，让我们起杀心的妖怪，除了"白骨精"这样的少数，几不存在。就这一点说，他是超越《水浒传》的。《水浒传》中的恶人，是让我们起斩尽杀绝之心的。而《西游记》中的妖怪，几乎成了游戏的另一方，而对游戏的结果，由于作者预设的结局太明显，读者也不会有太大的阅读紧张，对出乎意料的结局也就较少期待，阅读的快感就不是来自什么悬念与结局，而是转向了对过程本身的欣赏：这是轻松的、愉快的，哪怕再紧张，也近乎插科打诨的。于是，传奇不见了，"家常"凸显了。这才是《西游记》的最大看点。且看这段：

三藏却坐在他门楼里竹床之上，埋怨道："徒弟呀，你两个相貌既丑，言语又粗，把这一家儿吓得七损八伤，都替我身造罪哩！"八戒道："不瞒师父说，老猪自从跟了你这些时，俊了许多哩。若像往常在高老庄走时，把嘴朝前一掬，把耳两头一摆，常吓杀二三十人哩。"行者笑道："呆子不要乱说，把那丑也收拾起些。"三藏道："你看悟空说的话。相貌是生成的，你教他怎

么收拾？"行者道："把那个耙子嘴，揣在怀里，莫拿出来；把那蒲扇耳，贴在后面，不要摇动，这就是收拾了。"（第二十回）

即便在生死关头，作者也不是调动我们的阅读紧张，而是让我们粲然。比如第七十七回，师徒四人俱被那青狮、白象、大鹏三魔头擒住，在要被蒸熟的关头：

只闻得那老魔……叫："小的们，着五个打水，七个刷锅，十个烧火，二十个抬出铁笼来，把那四个和尚蒸熟，我兄弟们受用，各散一块儿与小的们吃，也教他个个长生。"八戒听见，战兢兢的道："哥哥，你听，那妖精计较要蒸我们吃哩！"行者道："不要怕，等我看他是雏儿妖精，是把势妖精。"沙和尚哭道："哥呀！且不要说宽话，如今已与阎王隔壁哩，且讲甚么'雏儿''把势'。"说不了，又听得二怪说："猪八戒不好蒸。"八戒欢喜道："阿弥陀佛，是那个积阴骘的，说我不好蒸？"三怪道："不好蒸，剥了皮蒸。"八戒慌了，厉声喊道：

"不要剥皮！粗自粗，汤响就烂了！"老怪道："不好蒸的，安在底下一格。"行者笑道："八戒莫怕，是'雏儿'，不是'把势'。"沙僧道："怎么认得？"行者道："大凡蒸东西，都从上边起。不好蒸的，安在上头一格，多烧把火，圆了气，就好了；若安在底下，一住了气，就烧半年也是不得气上的。他说八戒不好蒸，安在底下，不是雏儿是甚的！"八戒道："哥啊，依你说，就活活的弄杀人了！他打紧见不上气，抬开了，把我翻转过来，再烧起火，弄得我两边俱熟，中间不夹生了？"

临死之前，不讨论如何逃生，而是讨论死法，这是大幽默。就阅读效果讲，这样写，有效地缓解了读者的紧张情绪，并且给读者一个暗示：这师徒四人定会遇难呈祥，逢凶化吉，而此刻的一切，都不过是供大家一笑而已！

第二十三回"三藏不忘本，四圣试禅心"，这可算是一堂严肃的道德测试课。四位菩萨化成母女四个，要试这师徒四位的禅心。可是我们的阅读快感与兴奋点全不在四菩萨装扮的美女的"色"的诱惑，也不在四位取经僧的"德"的坚拒，恰恰相反，我们完全被四位取经僧逗乐了。在美女面前，三藏笨拙，行者机智，沙僧忠朴，八戒活泛，尤其是八戒在女色面前的不能自持，欲心难忍，却又遮遮掩掩，作者写得一片灿烂。他先是催促师父拿主意，是留还是行，用意当然是想让师父决定留下来，师徒四人就地娶那母女四人，后来在行者说让他留下时，他忸忸怩怩地道："哥呵，不要栽人么。大家从长计较。"后来沙僧又说让他留下给人家做女婿，他还忸怩道："兄弟，不要栽人，从长计较。"当行者直接说破他的心思，这呆子道："胡说！胡说！大家都有此心，独拿老猪出丑……都这么忸忸怩怩的拿班儿，把好事都弄得裂了……"

猪八戒的形象曾让批评家很为难，曾有人撰文予以彻底否定，说他的一切行为皆可笑，可鄙。若从道德角度言，他的行为确实很丑陋，很自私，但作者显然把他的道德之丑变成了审美之丑。我们读《西游记》，对猪八戒的这些丑陋，非但不那么厌恶反感，倒常常觉得可笑甚至可爱。我们可能是从他的言行里，看出了人性。他好货（在耳朵里藏钱），好色（大凡美色，哪怕情知是妖精，他也不能自持），偷懒，贪吃，逃避义务，追求安逸……举凡这一切人性的缺点，不也潜伏在我们的意识深处，不也在我们自己身上一再冒头？正如我们在孙悟空身上看到的，是我们的自大的梦想一样，我们在猪八戒身上看到的，是我们的自卑的现实。孙悟空的形象满足我们的英雄梦，事业梦，成就感；而猪八戒的形象则满足我们的享乐梦，安逸梦，幸福感。又正如那个不安分的猴子最大的理想就是做个英雄，做个超人一样，这个天蓬元帅，似乎最大的理想就是做个平凡的人，过凡人的生活，享受凡人的幸福。所以，他在高老庄，很是"勤谨"，"扫地通沟，搬砖运瓦，筑土打墙，种麦插秧，创家立业"。对那高小姐，他要让她"穿的锦，戴的金，四时有花果观玩，八节有蔬菜烹煎"。这不就是人间的小丈夫吗？在第二十三回"四圣试禅心"时，当那菩萨假装的寡妇对他说，女儿们可能嫌他丑时，他说：

娘，你上复令爱，不要这等拣汉。想我那唐僧，人才虽俊，其实不中用。我丑自丑，有几句口号儿。……虽然人物丑，勤紧有些功。

若言千顷地，不用使牛耕。只消一顿耙，布种及时生。没雨能求雨，无风会唤风。房舍若嫌矮，起上二三层。地下不扫扫一扫，阴沟不通通一通。家长里短诸般事，踢天弄井我皆能。

唐僧曾说他是"两个耳朵盖着眼，愚拙之人"（第三十二回），他确是两眼向下，脚踏实地，特别安心于平常的生活与幸福。所以，对于取经之事，他是一直视之为苦差事的，总是怨声载道，甚至，在他的潜意识里，可能还巴望着师父死掉：

假若师父死了，各人好寻头干事；若是未死，我们好竭力尽心（第二十一回）。

在第三十七回，鬼王夜谒唐三藏，三藏惊醒——慌得对着那盏昏灯，连忙叫："徒弟，徒弟!"八戒醒来道："甚么'土地土地'？当时我做好汉，专一吃人度日，受用腥膻，其实快活。偏你出家，教我们保护你跑路！原说只做和尚，如今拿做奴才，日间挑包袱牵马，夜间提尿瓶捂脚！这早晚不睡，又叫徒弟作甚？"

一旦师父遇险，他就嚷嚷着分行李。其实，在他看来，这世界本来很平凡，有着平凡的幸福，都是什么唐僧，无事生非，惹出这一段波折，让好好的生活横生这许多烦恼，许多痛苦。所以，他急着要给唐僧送终，以便回到生活的常态中去。

于是我们看到了这样一幅绝妙的画图——那是第七十六回，孙悟空被青狮怪一口吞下，八戒以为猴子就此由和尚变成了青狮怪的"大恭"，溜回去又吵着分行李。待孙悟空制伏了青狮怪，回来时——远远的看见唐僧睡在地下打滚痛哭；猪八戒与沙僧解了包袱，将行李搭分儿，在那里分哩。

这画面真够残忍，残忍得超过全书任何一处对妖怪的描写。但这恰恰是人性！对人性的善意的调侃，从而让我们会心而笑，这种轻松、幽默又不乏教益的阅读经验，在中国古代文学作品中是稀有的。

实际上，正如《西游记》的妖怪不是完全的恶，作者对它们不是完全的恨一样，《西游记》中也没有作者完全佩服的正面人物。猴子是"泼猴"，是"泼皮"，既借小妖之口，说他"沿路上专一寻人的不是"(第六十二回)，又让土地爷说他"一生好吃没钱酒，偏打老年人"(第七十二回)，"弼马温"的称呼更是刻意的调侃。而唐僧的形象就更差劲，他没用，肉头，糊涂，胆小，软弱，对着劫路强人，大叫："大王饶命！大王饶命！"以至于被行者埋怨：

"天下也有和尚，似你这样皮松的却少。"(第五十六回)对徒弟，也说"你若救得我命，情愿与你做徒子、徒孙也"(第七十八回)。所以，不但八戒说他没用，就连最忠心耿耿的行者，也骂他是"晦气转成的唐三藏，灾殃铸就的取经僧"(第八十三回)。甚至诅咒他："我那师父，不听我劝解，就弄死他也不亏！"(第六十五回)但我们若仔细一点琢磨，就能感觉出，作者放在行者、唐僧身上的这些弱点，往往只是把他们作为一个寄托，他只是要借此骂世而已，只是借此调侃人性而已。笔触由社会层次而转到人性层次(远游从某种意义上说，也就象征着对社会的疏离，对背景的淡化)，由反映社会问题、社会矛盾，而转向透视人性的矛盾，人性的优点和缺点；文风也由面向社会时往往不能避免的紧张、严肃一变为面向自然人性时的轻松活泼，由严峻的社会批判一变为对人性的轻松调侃，由向外的横眉冷对，到向内心的温煦的自我观照，道德的意义退化了，精神品质的一面凸显了。《西游记》在语言上可能比不上《水浒传》，但在见识上，在观念上，却似乎又在《水浒传》之上。

同伴分享

"神魔皆有人情，精魅亦通世故"的事例有：

1. 唐太宗到阴司时，带了魏征的一封信递给判官，希望能讲"交情"，"方便一二"，这就像人间的"走后门"。

2. 佛祖将传经与唐僧时，阿傩、伽叶向唐僧要"人事"，神圣的西方世界也有行贿受贿的现象。

3. 乌鸡国国王被狮精推入井内淹死，狮精变作国王。因为狮精与阎王有亲，乌鸡国国王"无门投告"，讽刺了社会官官相护、徇情枉法、贪赃行贿的黑暗腐败现象。

4. 铁扇公主因为与孙悟空有仇，不但不愿借扇，还想加害悟空，可以看出她的重亲情，同时也显示出她胸襟狭隘。

5. 第二十九回，宝象国国王问群臣谁去救百花公主回国时，"连问数声，更无一人敢答"，这批"木雕成的武将，泥塑就的文官"，就真如李贽批评的当朝庸臣"只解打恭作揖，终日匡坐，同于泥塑"，"一旦有警，则面面相觑，绝无人色，甚至互相推诿"（《焚书》卷四《因记往事》）。这也折射出明朝土木堡之变后的群臣乱象。

6. 唐僧师徒路过比丘国，国王贪爱一位道士所献的美女，以致身体衰弱，又听道士之言，想用1111个小儿的心肝做药引。孙悟空识得那道士是妖怪，与妖道苦战20回合，妖道不敌化作一道寒光投东而走，却被寿星在空中罩住，现出寿星坐骑白鹿的本相。孙悟空又将化为美女的狐狸精打死，回城令诸神送归小儿。这一故事虽然很离奇，但研究者指出它很可能是对明世宗的影射。明世宗的好色纵欲、崇道灭佛，与比丘国国王相似。据《万历野获编》记载，世宗还曾选四百多女孩供炼药用。书中提到的"锦衣官"是明朝官制，"谨身殿"也是明代宫殿，这也说明《西游记》的幻想并非凭空虚构。

《西游记》这部神魔小说虽以宗教为题材，但更关注现世，凝聚着现实生活的体验。以上的例子看似信手拈来，涉笔成趣，却能深切时弊，醒目警世。取经的目的是为君王效忠，连佛祖传经也是因为看到了南部赡州充满争斗、罪恶，需要拯救。这也与明代中后期的世界有着千丝万缕的联系。

鲁迅在《中国小说史略》中说，吴承恩创作神魔题材的《西游记》，"是有现实针对性的。他生活的时代，正是明代统治阶级荒淫腐朽，社会矛盾尖锐、政治十分黑暗的时期，为压制民众和知识分子，锦衣卫四出，文网森严，官吏贪虐，世风日下。吴承恩曾发出'近世之风，余不忍详言之也'的感慨"。

（三）第三步：谈启示

首先，浏览两篇文章：摘自《西游记》第九十九回的《唐僧的灾难簿子》，回顾唐僧师徒一路历经的困难；《〈西游记〉的儒释道文化解读》，用"＿＿＿"画出文中从唐僧师徒取经中挖掘出的文化意义，挖掘灌注在作品中的智慧与精神。再用自己的语言概述唐僧师徒取经路上最深刻的一个情节或细节，谈谈获得的启示。概述故事一般要把时间、地点、人物和事情的起因、经过、结果交待清楚。谈启示，可从不同角度，结合整本书或书中的某个情节或某个细节来谈。

基础阅读

唐僧的灾难簿子[①]

蒙差揭谛皈依旨，谨记唐僧难数清：金蝉遭贬第一难

出胎几杀第二难，满月抛江第三难，寻亲报冤第四难

出城逢虎第五难，落坑折从第六难，双叉岭上第七难

两界山头第八难，陡涧换马第九难，夜被火烧第十难

失却袈裟十一难，收降八戒十二难，黄风怪阻十三难

请求灵吉十四难，流沙难渡十五难，收得沙僧十六难

四圣显化十七难，五庄观中十八难，难活人参十九难

贬退心猿二十难，黑松林失散二十一难，宝象国捎书二十二难

金銮殿变虎二十三难，平顶山逢魔二十四难，莲花洞高悬二十五难

乌鸡国救主二十六难，被魔化身二十七难，号山逢怪二十八难

风摄圣僧二十九难，心猿遭害三十难，请圣降妖三十一难

---

① 吴承恩．西游记．北京：人民文学出版社，2012：1180．

黑河沉没三十二难，搬运车迟三十三难，大赌输赢三十四难

祛道兴僧三十五难，路逢大水三十六难，身落天河三十七难

鱼篮现身三十八难，金𡶶山遇怪三十九难，普天神难伏四十难

问佛根源四十一难，吃水遭毒四十二难，西梁国留婚四十三难

琵琶洞受苦四十四难，再贬心猿四十五难，难辨猕猴四十六难

路阻火焰山四十七难，求取芭蕉扇四十八难，收缚魔王四十九难

赛城扫塔五十难，取宝救僧五十一难，棘林吟咏五十二难

小雷音遇难五十三难，诸天神遭困五十四难，稀柿衕秽阻五十五难

朱紫国行医五十六难，拯救疲癃五十七难，降妖取后五十八难

七情迷没五十九难，多目遭伤六十难，路阻狮驼六十一难

怪分三色六十二难，城里遇灾六十三难，请佛收魔六十四难

比丘救子六十五难，辨认真邪六十六难，松林救怪六十七难

僧房卧病六十八难，无底洞遭困六十九难，灭法国难行七十难

隐雾山遇魔七十一难，凤仙郡求雨七十二难，失落兵器七十三难

会庆钉耙七十四难，竹节山遭难七十五难，玄英洞受苦七十六难

赶捉犀牛七十七难，天竺招婚七十八难，铜台府监禁七十九难

凌云渡脱胎八十难，路经十万八千里，圣僧历难簿分明

小贴士

　　唐僧取经第八十一难为通天河遇鼋湿经书。第四十九回写取经四众过通天河的故事，一个老鼋自告奋勇负载唐僧师徒渡河，并请唐僧到西天后帮他问寿，但在取经完成时(第九十九回)，唐僧却一心只在取经，忘了询问此事，老鼋怒将取经归来的唐僧再次沉入水中，因而凑足了八十一难。由于作者前有铺垫，后有照应，相互映衬，使结构显得十分完整。

　　"八十一难"并非指唐僧师徒西天取经时所遭之难，而是指金蝉子长老(唐僧)所遭之难。其实，八十一难的设定本身并不严格。有时，并非唐僧本人直接遭难，如"心猿遭害"，受磨难的只是孙悟空，还有的如"祛道兴僧"就更算不得是取经人之难了。有时，作者将一难分为二、三难，如"黄风怪阻"、"请求灵吉"两难实际上是一个故事的两个阶段。从八十一难的具体描写来看，则各有寓意，或取譬自然，或象征社会，或影射历史，或直指人心，表明了人生总会经历诸多磨难才能不断成长，不同的人生必须

经历不同的考验才会成功。其角度不一，写法各异，多姿多彩地反映了中国古代社会，乃至整个人类所面临的种种问题。

同伴分享

以下分享中，前5则是针对某一情节或片段的启示，后6则是同学们通读整本书后的人生感悟。

1. 在五庄观时悟空因为一时鲁莽用事，把人参果树给推倒了，引来一系列麻烦，使我明白了做事情要三思而后行，切勿鲁莽行事。（鲁志明）

2. 孙悟空卖弄袈裟，袈裟被盗。这件事告诉我们，出门时不应该把贵重物品拿出来炫耀，俗话说："害人之心不可有，防人之心不可无。"同时也告诉我们，人不可有不当的念头，对他人的钱财及贵重物品起了贪念，就会带来不好的结果。（刘权浩）

3. 悟空从祖师那学到长生不老之道、七十二般变化及"筋斗云"后在众人前炫耀自己，被逐出洞。我明白了：做人不能过度炫耀，要低调，只有这样才会长久，才能成功。（林长志）

4. 陈光蕊起死回生的启示：帮助他人就是帮助自己，赠人玫瑰，手有余香。（姚奇言）

5. 悟空多次去借芭蕉扇，虽然过程艰难，可他还是坚持不懈，一直勇于尝试，直到成功。这让我明白，只要想做，就没有做不到的事。世上无难事，只怕有心人。（徐骏扬）

6. 唐僧师徒四人在西天取经中遇到种种困难，后又勇敢克服，取经团在几次差点散伙的情况下到达西天取得真经。整本书告诉我：成功的背后有着无数的困难与挫折，只有勇于前行才能取得成功。（李佳益）

7. 我们常常都会遇到自己解决不了的问题，在这种时候，我们并不能因为自己解决不了就扔在一边不管不顾，如果那样，问题只会越来越多，我们应该多寻求别人的帮助，就像孙悟空对付不了一些妖精时，都会请来神佛相助。（曾庆聪）

8. 十四年的路程，无数的山河，无数的凶险。唐僧，一个凡人，如何能经历如此路途取回真经？毫无疑问，"一个篱笆三个桩，一个好汉三个帮"，团结一致，发挥各自的作用，包容他人的缺点，这才是一个成功的团队。"天生我材必有用"，每个人都不是十全十美，但也不是一无是处。（陈咏欣）

9.唐僧师徒一行人取经一共走了十四年。一路上到处都是妖怪（最可恨的是妖怪还有后台），天气还时好时坏，肚子时饥时饱。他们用他们的行动告诉了世人何为"坚持"，何为"决心"，"坚持就是胜利"，这是《西游记》唐僧师徒取经给我的启示。（姚奇言）

10.唐僧四人跋山涉水，历经千辛万苦，路上许多妖魔鬼怪阻碍，危险重重，有许多困难、坎坷，可无论多么艰难，他们依然坚持。所以，无论生活遇到什么危险与坎坷，我们都应该坚持，不能半途而废。（周嘉宝）

11.唐僧本打算三年完成取经的，结果却用了十四年。这十四年他一直坚持着，其中的任何一个时候，他只要一放弃，就彻底失败了。

如来佛也是一样的，他想传经东土，一次又一次都失败了，他还在坚持，只到唐僧这一次，传经才成功。成功，没有什么高深的秘诀，就是一个"持"字，不要轻易放弃。正如书中的诗所说：

九九归真道行难，坚持笃志立玄关。

必须苦练邪魔退，定要修持正法还。

二、"西游"人物探究

《西游记》中的奇趣，其大胆丰富的艺术想象、引人入胜的故事情节，是跟人物形象的思想性格相辉映的。阅读这部小说，我们应该注意欣赏作品为我们所塑造的一系列鲜活生动的艺术形象，体察其中所折射出来的各种智慧和人格魅力。

人物探究采取分组交流的方式，根据书中的主要人物或群体分为6个组：唐僧组、悟空组、八戒组、沙僧组、神仙组、妖怪组。

学习任务

1.写好《三打白骨精》的剧本。

2.分组制作好PPT，在班级做读书汇报。

（一）小组研讨

1.根据小说中的4个主要人物和妖怪、神佛进行分组，按自己最感兴趣的人物来分，自由组合，一般每组不超过 6 人。小组长可由同学们推荐产生，对小组成员进行有效的任务分配。

2. 除妖怪、神佛组外，各小组集中研究一个人物，小组研讨时要求带上书本、笔记本，结合摘抄与批注，重点交流讨论人物性格及 PPT 的制作，小组长指定一人做好笔记，做好任务分配。

3. PPT 制作前要搜集资料，可结合各自做的笔记，上网查找，或到图书馆借相应的书籍并摘录，然后筛选、整理，做出一份比较系统、全面的报告。

《西游记》是一篇小说，小说是以刻画人物形象为中心来反映社会生活的一种文学体裁。查找资料的关键也是从人物形象入手，可上网搜索阅读当代著名古典文学研究专家郭英德教授对《西游记》主要人物的解读，如：《自在不成人——说孙悟空(上)(下)》《世俗化的高僧——说唐僧》《喜感的俗人——说猪八戒(上)》《食色性也——说猪八戒(下)》《阅读的难题——说沙和尚》等。

小贴士

小组研讨

同伴分享

以下是"悟空组"的同学在修改前和修改后制作的 PPT，请比较两组图并思考在制作汇报稿时该注意什么。

修改前	修改后

大闹天宫

灵猴出世→孙悟空以理服人当猴王→为了长生不老历经千难拜菩提祖师→显摆武艺被逐师门→东海龙宫借神针→闹地府得长生→玉帝召当"弼马温"→不满官职回乡自称"齐天大圣"→再次回天当"大圣"→蟠桃宫无禄闹蟠桃→再次返乡，十万天兵拿不住→敌搅扰二郎神，小圣施威降大圣→千刀万剐不伤身→逃大圣→玉帝西请如来佛→五行山下定心猿

师徒四人经过九九八十一难最后取得真经

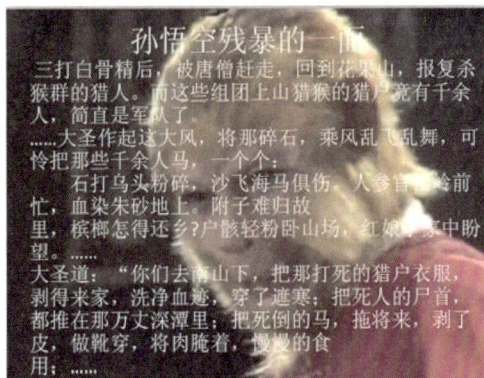

孙悟空残暴的一面

三打白骨精后，被唐僧赶走，回到花果山，报复杀猴群的猎人。而这些组团上山猎猴的猎户竟有千余人，简直是军队了。
……大圣作起这大风，将那碎石，乘风乱飞乱舞，可怜把那些千余人马，一个个：
石打乌头粉碎，沙飞海马俱伤。人参官桂岭前忙，血染朱砂地上。附子难归故里，槟榔怎得还乡？户骸轻粉卧山场，红娘子家中盼望。……
大圣道："你们去南山下，把那打死的猎户衣服，剥得来家，洗净血迹，穿了遮寒；把死人的尸首，都推在那万丈深潭里；把死倒的马，拖将来，剥了皮，做靴穿，将肉腌着，慢慢的食用；……

• 这可想得知，孙悟空虽是我们大家心目中的"大英雄"，但"大英雄"也有残暴的一面，只是需要我们去寻找，去发现，去认真汲取书中的重要信息。

下面来说说"大英雄"孙悟空好的方面。

孙悟空的人物性格

• 孙悟空是一只破石而生的美猴王，无父无母，他纵身一跳，在那水帘洞中，铁板下发现了一个"洞天福地"，领着群猴过着"不伏麒麟辖，不伏凤凰管，又不伏人间王位所拘束"的自由生活。因不受天禄，大闹天宫，惹了一场灾难。为消灾脱难，转拜佛门，终成正果。在困难面前，他机智勇敢，顽强斗争，善于应付各种妖魔鬼怪。西天取经路上，他立下汗马功劳，可以说离了他是寸步难行……这里将孙悟空的形象加以详细分析如下

我的来历

■ 我是一只"破石而生"的美猴王，无父无母。我纵身一跳，在那水帘洞中铁板下发现了一个"洞天福地"，领着群猴过着"不伏麒麟辖，不伏凤凰管，又不伏人间王位所拘束"的自由生活。因不受天禄，大闹天宫，惹了一场灾难。为消灾脱难，转拜佛门，终成正果。在困难面前，我机智勇敢，顽强斗争，善于应付各种妖魔鬼怪。西天取经路上，我立下汗马功劳，可以说离了我是寸步难行。

我很丑

孙悟空是一只活生生的猴子，"真个是生得丑陋：七高八低孤拐脸，两只黄眼睛，一个磕额头；獠牙往外生，就像属螃蟹的，肉在里面，骨在外面"（第三十六回）。在黄风岭王老者家借宿时，王老者形容他是"拐子脸、别颏腮、雷公嘴、红眼睛的一个痨病魔鬼"（第二十回）。

你们还知道我的哪些别名

■ **美猴王：**

■ **弼马温：**

■ **齐天大圣：**

■ **孙悟空：**

美猴王：带领猴群进入水帘洞后成为众猴之王，有一次老猴提出"石猴"名字不好，改名为"美猴王"，于是我开心地答应了。

——经典的少年式英雄，"仙石进猴"与生俱来的优越感让他自命不凡，勇敢本色中有掺杂着年少轻狂。

制作 PPT 汇报稿注意事项：

小贴士

1. 条理清晰，符合读者的认知，由浅到深，由表到里。

2. 图文并茂，文字简练，多用图片进行描述说明。

3. 字体合适，不小于 24 磅，字体与背景分离鲜明，配色柔和舒服。

（二）戏剧表演

选取的内容是第二十七回《尸魔三戏唐三藏　圣僧恨逐美猴王》描述了"三打白骨精"的故事，这个故事很有哲理意味，告诫人们要善于识破伪装，认清真相。同时人物形象也鲜明：孙悟空三打白骨精，都受到了不辨真伪的唐僧指责，乃至惩罚。孙悟空知其不可为（指唐僧不准他杀人）而为之，越发表现了他的忠诚和除恶务尽的坚定。

参加表演的同学，编剧本前，研读所涉章回的内容，熟知每个人物的性格及发展脉络，做到知背景，明主题，熟内容，再把书面文字转换成适合于舞台表演的口语、形体动作。其余同学观看完毕后，概括《三打白骨精》中的人物性格。

师生共学

如何编写课本剧

课本剧，就是把课文中叙事性的文章改编为戏剧形式，以戏剧语言来表达文章主题。改写的时候注意保留原意，不能改得面目全非。

戏剧是一种综合性的舞台艺术，剧本是舞台演出的依据和基础。编写课本剧必须突出体现剧本三个方面的特点。

1. 空间和时间要高度集中

剧本不像小说、散文那样可以不受时间和空间的限制，它要求时间、人物、情节、场景高度集中在舞台范围内。小小的舞台上，几个人的表演就可以代表千军万马，走几圈就可以表示跨过了万水千山，变换一个场景和人物，就可以说明到了一个全新的地方或相隔多少年之后……相隔千万里，跨越若干年，都可通过幕、场变换集中在舞台上展现。

剧本中通常用"幕"和"场"来表示段落和情节。"幕"指情节发展的一个大段落。"一幕"可分为几场，"一场"指一幕中发生空间变换或时间隔开的情节。剧本一般要求篇幅不能太长，人物不能太多，场景也不能过多地转换。

2. 反映现实生活的矛盾要尖锐突出

没有矛盾冲突就没有戏剧。剧本中的矛盾冲突大体分为发生、发展、高潮和结尾四部分。演出时从矛盾发生时就应吸引观众，矛盾冲突发展到最激烈的时候称为高潮，这时的剧情也最吸引观众，最扣人心弦。高潮部分也是编写剧本和舞台演出的"重头戏"，是最需要下功夫之处。

3. 剧本的语言要表现人物性格

剧本的语言包括台词和舞台说明两个方面。剧本的语言主要是台词。台词，就是剧中人物所说的话，包括对话、独白、旁白。独白是剧中人物独自抒发个人情感和愿望时说的话；旁白是剧中某个角色背着台上其他剧中人从旁侧对观众说的话。剧本主要是通过台词推动情节发展，表现人物性格。因此，台词语言要求能充分地表现人物的性格、身份和思想感情，要通俗自然、简练明确，要口语化，要适合舞台表演。

舞台说明，又叫舞台提示，是剧本里的一些说明性文字。舞台说明包括剧中人物表，剧情发生的时间、地点、服装、道具、布景以及人物的表情、动作、上下场等，要求写得简练、扼要、明确。这部分内容一般出现在每一幕(场)的开端。结尾和对话中间，一般用括号(方招号或圆括号)括起来。

同伴分享

三打白骨精

第一场

时间：上午

地点：白虎岭

人物：白骨精、猪八戒、孙悟空、唐僧、沙僧

旁白：三藏师徒告别镇元子，继续西行。一天，唐僧师徒四人来到一座高山前，只见山势险峻，峰岩重叠。行者横担着棒，剖开山路，上了高崖，只见虎狼成群，行者布施手段，啸吼一声，吓得狼虫颠窜，虎豹奔逃。

【沙僧一边牵马，唐僧坐在白龙马上，念诵着南无经。八戒挑着担，艰难地走着。】

背景音乐：《敢问路在何方》(音乐到唐僧说话时停)

唐僧：悟空，走了这么长时间了，我肚子早已经饿了，你赶快去化化斋，找点吃的东西。

八戒（立刻撂下担子）：就是就是，师父这样儿奔波劳累，现在肯定饿着了吧？老猪肚子也已经唱了空城计，大师兄，你就快些前去讨些吃的来。

沙僧（擦着汗，疲倦地说）：师父，大师兄，二师兄，也许翻过山后就会有人家，我们可以前去讨些斋饭来填填肚子。

悟空（跳到八戒之前，狠狠戳了他一指头）：呆子！枉你顶个天蓬元帅之名！这山周围。妖气缭绕！你难道瞧不见吗？

八戒（跑到唐僧面前，抬头说道）：师父，这猴子纯粹是为了自己偷懒，不去化斋，你还不快念紧箍咒来？

唐僧（闭眼，心平气和指着悟空）：善哉！善哉！南无阿弥陀佛。悟空，你还不快快去讨些斋饭来？（继续诵经）

我乃东土大唐人，

净身入了空门去。

如今上了取经路，

要为众生讨平安。

悟空（双手抱拳，驾起云来）：师父保重，俺老孙这就去也！

【孙悟空下场，白骨精身披披风，站在高高的山上，眺望着师徒四人，冷笑着】

白骨精（得意地冷笑）：哈哈哈哈！都说东土大和尚是金蝉子化身，十世修行的原体，吃他一块肉，便可长寿养生，今天机会可来了。吃了唐僧肉，从此我就可以长生不老了！看我变身！变！变！变！

【白骨精摇身一变，变做个花容月貌的姑娘，左手提个青砂罐，右手提个绿瓷瓶，从西向东，径奔师徒四人面前】

白骨精（娇滴滴，扭扭身子）：哎呀！奴家从远处看到了诸位长老，也不知长老饿没饿，就烧了一点斋饭送来了。你们看……

八戒（放下钉耙，整整衣裳，伸出脖子，）：哎呀白米饭，还有烤面筋！快看呀！上等的！师父！你看烧得多好呀！

八戒（急抽身，三步并作两步来到唐僧面前）：师父！"吉人自有天报"！师父叫师兄去摘桃子，那猴子不知哪里玩去了。桃子吃多了，也会不舒服，你看有个漂亮的姑娘送吃的来了。

唐僧(往后退了一步，满脸通红)：善哉善哉！八戒，你在说些什么！还不快谢谢女施主。

沙僧(鞠躬谢过白骨精)：谢施主！二师兄，你要干什么呀？

八戒(绕着白骨精转了两圈，细细端详着白骨精，接过了小篮子，就要捧给唐僧)：哎呀呀！真个是天生丽质，柳眉积翠黛，杏眼闪银星的小美人。来来来，师父，尝尝这香喷喷的白米饭！

沙僧(捻佛珠，双手合十，闭眼)：阿弥陀佛。这女子真是个心地善良的活菩萨。

白骨精(娇滴滴，含羞半遮脸)：小心点儿，别烫着了，这，可是奴家辛辛苦苦做出来的呀！

悟空(急忙赶来，一脸着急)：慢！好你个呆子！竟把这妖精的饭菜递给师父吃，真真是被妖精瞎了眼！沙师弟，快护好师父和行李，看我不打了这妖精！

【悟空举起棒子，给了妖精当头一棒，那妖精使了个解尸法，留下来一个空外壳在地上。】

唐僧：你这猴头怎么这么无理取闹，打死了个有善心的活菩萨，你怎么能做出这种应该偿命的事呢？

悟空：师父莫怪，你看看瓶子里是什么东西。

唐僧(准备念紧箍咒，见瓶子里面都是癞蛤蟆和青蛙)：阿弥陀佛！这次暂且饶你一回。

第二场

【换布景】

时间：上午

地点：白虎岭

人物：白骨精(老婆婆)、猪八戒、孙悟空、唐僧、沙僧

(旁白)：师徒四人吃了几个桃子，便匆匆赶路。那白骨精妖道很深，并未被悟空打死，而是化成一股青烟，躲到了云端，白骨精恨得咬牙切齿。

背景音乐：《敢问路在何方》(音乐到八戒说话时停)

白骨精：哼！上次变成个小姑娘没有成功，没想到那个孙悟空还挺厉害，不行，我要想想办法(踱来踱去，眼睛滴溜转)有了！变成那家的老婆婆！

【老婆婆出，右手拄着竹杖，一步一声哭着走来】

猪八戒（慌张，扯着唐僧的袖子摇）：师父，不好了！师兄打死的肯定是这个老婆婆的女儿，这可怎么办啊？师父，你想想办法啊！

老婆婆（老婆婆走到猪八戒前面）：咦，我女儿呢？小师父，你看见我女儿了吗？

【猪八戒躲躲藏藏，唐僧念经，老婆婆走到女儿尸体前】

老婆婆（哭）：我的孩子啊，你每天吃斋念佛，想不到竟然落得如此下场，可怜啊！呜呜……呜呜……

老婆婆（站起来，揪住猪八戒）：哼！肯定是你这个凶和尚打死我女儿的，你还我女儿，还我女儿！

猪八戒（用手遮住头）：不……不是我……打的。

唐僧：对不起，老婆婆，真不是他打的，这是我大徒弟闯的祸，都怪我管教不严。

老婆婆（松开猪八戒）：哎，还是这位长老慈悲，可怜我命苦啊，请你到前村买口棺材，将小女儿埋葬了，就算了，我也不去与你们计较了。【拉着唐僧就走】

【孙悟空出，老婆婆没察觉，拉着唐僧继续走，过了一会儿，老婆婆回头，看见孙悟空，大吃一惊，孙悟空抓耳挠腮，犹豫了一下，但金箍棒还是当头劈了下来，老婆婆应声倒地，真身借着妖气腾空而去。】

唐僧（生气，指着孙悟空）：你疯了，你为何平白无故地连杀母女两条命？

孙悟空：师父，你上当了，这对母女都是妖精变的，你想，这方圆百里，没有人家，她们从哪里来？

猪八戒：可是你看，人家明明是人嘛，还有尸首。

唐僧：佛门五戒，一戒就是戒杀。你犯了佛门杀戒，你走吧，我不要你这个徒弟了。

沙僧（求情）：师父，要不是大师兄一路上除妖捉怪，师父早被妖怪吃掉了，这次还是饶了他一回吧。

（唐僧欲念紧箍咒）

沙僧：师父，莫念，莫念，大师兄也是为你好啊！

唐僧：嗯……好吧，悟空，这次我饶你一回，再也不许这样了。

孙悟空(小声嘀咕)：此怪不除，必有后患。

孙悟空(大声)：我去巡山去了！

第三场

【换布景】

时间：上午

地点：白虎岭

人物：白骨精(老头)、猪八戒、孙悟空、唐僧、沙僧

白骨精：好个死猴子，想不到眼力这么好，竟然又被识破了，真是气死我了。过了这座山，就不属我管了。这家人还有个老头，待我变这个老头，哼哼，唐僧肉我吃定了。

【白骨精摇身一变，穿上老头的衣服，变装成老头儿。手拄龙头拐，哭哭啼啼走到师徒四人面前，孙悟空出】

白骨精(拄着拐杖，哭哭啼啼)：唉！我这老汉真是命苦啊！穷苦一生，好不容易把女儿拉扯大，招了个女婿，今天早上送饭下田，却来了个白发人送黑发人，我那老婆子去找女儿，也被害死了，悲啊！

白骨精(走到唐僧面前，正色道)：你这杀人不眨眼的恶魔，还我女儿，还我老伴！

唐僧(害怕，不停地念经)：阿弥陀佛，阿弥陀佛。悟空，还不快快悔过自新，向老人家道歉？

孙悟空(在一旁急得直跳脚，双眼直瞪白骨精)：哼，你这妖精！三番五次来欺骗我师父，看我不一棒打死你！

白骨精(尖叫)：啊！救命啊！杀人啦！

唐僧：悟空，休得无礼！你已经打死了他的妻女，你怎么就不知悔改呢！

白骨精(气得发抖)：好你个和尚啊，害了我妻女还不够，如今还要把我这老命一条送黄泉，这还算是个和尚么！苍天啊，你开开眼啊，怎会有这样的和尚啊！

唐僧(悟空举起金箍棒，唐僧立刻喝住)：悟空住手！你连丧母女两条命，还敢行凶！

白骨精(捶胸大哭)：我的老伴啊！我的女儿啊！你们怎么都死了啊！(冲到孙悟空面前)：你们这样杀人，还念什么佛啊！你杀！你杀好了，你打

死我老伴和女儿，我也不想活了！

孙悟空(气得脸红脖子粗)：不管你千变万化，我都能够看得出你是妖怪，你永远都逃不过我的眼睛！(举起金箍棒)

唐僧(上前护住妖怪)：就是妖精，你也不能够杀她，你要劝她弃恶从善。

孙悟空：妖精吃人的本性是不会变的，你今天救了她，她明天也不会放过你。(举棒就打，最终打死了妖怪)

八戒(指着孙悟空)：好你个猴子，发疯了，只走了半天，打死了三个人！

孙悟空(唐僧欲念紧箍咒，孙悟空大叫)：师父，莫念，莫念！你过来看看她的模样。

【一堆骷髅】

唐僧(恍然大悟)：善哉善哉！悟空，为师差点错怪你了呀！

悟空(摸摸后脑勺，笑了)：只要师父平安，做徒弟的上刀山下火海都在所不惜呀！

猪八戒(冷笑)：哼！虚情假意的家伙。你这弼马温也甚会骗人了。

唐僧(疑问，转身对猪八戒)：八戒，你为何说他是虚情假意，你大师兄又怎的骗起人来了？

猪八戒(转身背过他们)：还说没骗人？大师兄明明是误杀了人家一家三口，还在狡辩，他是施了个障眼法来骗你哩！

悟空(生气)：呆子，休得胡说！我敢作敢当，如何做得这见不得人的勾当！

猪八戒(争辩，声音大)：我怎么就胡说了？人家好心好意来送饭，你却害死了人家，施个障眼法就没事了吗？这哪是一个和尚所为呀！

唐僧(若有所思，点点头，念起紧箍咒)：八戒说得有道理，有道理啊！

悟空(抱着头，跪在地上)：师父莫念，莫念！

唐僧：你三番几次的害人，怎么入我佛门，同我取经？算了算了，你还是趁早回你的花果山做妖怪去吧，我不要你做徒弟了。

悟空(难过)：师父！师父！你怎么会不要我了呢！当初是我帮你收了师弟，降服妖魔。你怎么能信那呆子的谗言冷语？

沙僧(双手合十)：就是就是，大师兄帮了大家这么多忙，不应该走。

唐僧(摇摇头):善哉善哉。我没有这么个爱杀生的徒弟。我是个好和尚,以后,再也不提行者的名字,也不要他当徒弟了。沙僧,拿笔纸来,写休书。

【唐僧信笔疾书,将休书给了悟空】

悟空(无奈地摇头,拜别唐僧):师父,请受我一拜,谢谢你对我的栽培,我以后再也不会辱你威名了。

【背景音乐:《敢问路在何方》起师徒四人一起唱:敢问路在何方,路在脚下……】

【全剧终】

(三)分组展示

《西游记》是小说,小说的读书交流会,可着重从人物的各种描写入手,结合具体的情节,探究人物形象。由于书中的主要人物较多,采用分组方式,每组6～8人,派1～2人为代表上台介绍人物。

介绍时,请同学们认真倾听,补充笔记(在分页摘录人物精彩描写的留空白处),做好点评准备工作,可从课件内容、形式,主持表现等入手,先肯定优点,再提出改进措施,为后面上台的同学明确提升的方向。

下面按悟空组、沙僧组、八戒组、唐僧组、神佛组、妖怪组的顺序上台介绍人物。

1. 悟空组

(1)小组派代表上台介绍

介绍的内容包括:悟空的身世来历、相貌、别名、语录、武器、在队伍中的作用、英雄事迹、人物性格分析(优点、缺点)、典型性(动物性、人性、神性)、关于孙悟空的歇后语。由浅至深,脉络清晰。

(2)讨论:孙悟空的紧箍该不该取?

孙悟空本领高强,有七十二变化之术、筋斗云飞腾之术,能呼风唤雨,能请动天地间的神仙乃至鬼怪、佛祖、菩萨,还有三根救命毫毛。取经路上,观音让唐僧给悟空带上紧箍,请问,孙悟空的紧箍该不该取?请阅读完《自由的隐喻:〈西游记〉的一种解读》和《〈西游记〉的儒释道文化解读》后回答。阅读时请特别关注画"＿＿＿＿"的句子。

自由的隐喻：《西游记》的一种解读①（节选）

梁归智

　　大概很少有中国人没有读过《西游记》的，而且都是在儿童和少年时代就已经耳熟能详，浸淫于心。讲到中国的几部古典小说，可以说没有一部具有《西游记》这样超越时代、阶层、年龄、文化水平的广泛、深远和持久的影响力。市井小民和少年儿童读不进《红楼梦》，所谓"老不读《三国》，少不读《水浒》"的俗谚正从反面标示出这两部小说的精髓特别对应着某一些读者。随着时代的推移和观念的演变，二十一世纪的人能对《三国》《水浒》中的"忠"、"义"故事发生深层共鸣的会越来越少，对宝玉、黛玉的那种爱情表达方式和贾府那种大家族的盛衰兴亡也会愈益感到隔膜。只有《西游记》不受以上种种因素的干扰，斗转星移，仍将长生不老，魅力永存。

　　因此，解读《西游记》对解剖民族的文化心理、感悟民族的文化智慧和承传民族的文化精魂也许有一种更普遍和久远的意义。

　　我想从追踪自己读《西游记》最原初的经验和感受说起。英勇无敌的孙悟空终于被如来佛压到了五行山下，五百年后又被戴上了紧箍儿，保护着一个软弱无能又是非不明的唐僧在去西天的路上艰难地跋涉，还时常受到师父的咒语勒掯。这实在是一件让我幼小的心灵大感憋气和不平的事。

　　现在我明白，这实际上涉及到一个人类根本性的困惑，自由的可能性与限度的问题。

　　世界上曾经有过一个叫做陈玄奘的和尚克服过千辛万苦，去天竺（印度）国取回了梵文佛经六百五十七部，为佛教在中华的流布立下丰功伟绩。但从来没有发生过像《西游记》里那样的神怪传奇。所以我们从《西游记》获取的感受和理解，其实是以话语形式凝聚而成的一种民族文化心理。这种民族文化心理通过审美语言变成向人展现的过程，与一代又一代的读者发生存在意义上的联系。当我们为孙悟空大闹天宫的失败和向西天取经的转型而不平或欢欣的时候，我们事实上已经表达了我们自己的存在冲动和欲望，同时也不知

---

　　① 梅新林，崔小敬主编.20世纪《西游记》研究.北京：文化艺术出版社，2008：437－442。原载运城高专学报（哲学社会科学版），1998年3月第1期，31－37。

不觉地和《西游记》这个文本（语言）展开了一种对话。也就是说，当我们读《西游记》的时候，我们也就开始从自己的文化生成背景接受和理解它所传达的观念信息，文化传统正是这样使我们有了自己的精神生活，而我现在所做的工作，则是对这个文本传达的东西作出自己的选择和反思，而这种选择和反思主要并不是价值观上的评判取舍，而是站在一个"现代人"的立场上尽可能寻找出文本自身的内在观念矛盾以及这种矛盾对包括我自己在内的民族文化心理的影响。质言之，本文并不是要发明出《西游记》的"原旨"或"本意"，从接受美学的立场来说，那其实是很难做到的，有意义的只是作为此时此地的"我"对《西游记》的读解。

一、大闹天宫：自由的欲望

前七回的孙悟空英雄传奇具有极大的魅力。从天生石猴到美猴王，从寻仙学艺到闹龙宫、闹幽冥、闹天宫，从齐天大圣到被压五行山下，孙悟空是自由意志的象征，奋斗反抗的象征，造反有理的象征。

人天生有自由的欲望，平等的欲望，出人头地的欲望，建功立业的欲望，这是由人的生命本能和意志所决定的。正如鲁迅先生所说，人出生到世上，一要生存，二是温饱，三要发展。在这种人的天生需求的实现过程中，人的生命能量被激发出来。生命的企求愈高，遇到的阻遏就可能愈大，激发出来的生命能量也就愈辉煌，人所获得的自由感也就愈豪壮，生命的质理就是在这种能量和自由感的大小强弱中得到定位。孙悟空，正是以其高度的理想性展示了生命的辉煌和意志的自由，它的成长和奋斗的故事在象征的层面上满足了每一个读者的潜在欲望。

这种对自由的追求伴随着孙悟空的每一个人生成长阶段。

石猴在猴群中本来也是普通一员，但在众猴都不敢冒险进入的水帘洞前，只有他高叫"我进去"而跃身纵入，为众猴寻得洞天福地，一举登上美猴王的宝座，完成了人生的第一次飞跃，在自己的同类中获得了支配地位，也就是得到了比群猴更多的自由。

但他并不因此满足，而进一步想到"今日虽不归人王法律，不惧禽兽威严，将来年老血衰，暗中有阎王老子管着"，于是漂洋过海，访得了进一步的生命自主和自由。

接下来龙宫索宝，天宫作乱，直至搅乱蟠桃会，偷吃老君丹，与十万天兵对抗厮杀，被二郎神所擒又从老君的炼丹炉中二度反击，直把个天宫闹得

"九曜星闭门闭户，四天王无影无踪"，更是把生命能量和生命意识的自由感发扬到了极致。

这是对生命的礼赞，对自由的讴歌。但同时，对生命自由限度的质疑也就随之发生。

孙悟空并没有任何政治的理想或纲领，他只是放纵着生命自由意志的任意泛滥。他第一次到天宫被封作弼马温，"昼夜不睡，滋养马匹。日间舞弄犹可，夜间看管殷勤……"。这种工作热情正是一种生命意识的外溢。只是在知道弼马温是个"未入流"的小官，才勃然大怒道："这般藐视老孙！"而反出天门。后来作了齐天大圣，虽然"有官无禄"，他也已经心满意足。只是由于王母娘娘的蟠桃盛会没有请他，才又一次激起他的怒火，偷桃，偷酒，偷仙丹。而这一系列的活动同样只是生命意志的无目的发泄，生命自由感的自然流淌。

当天神天将打到了花果山水帘洞口，面对天神的一再挑战，孙悟空却不当回事，说"今朝有酒今朝醉，莫管门前事与非"、"莫采他。诗酒且图今日乐，功名休问几时成"。完全是一派沉醉于生命自由感中的人生意志。

直到最后面对如来佛的时候，孙悟空才第一次说出"'皇帝轮流做，明年到我家'。只教他搬出去，将天宫让与我……"等大言豪语，这其实是被逼到尽头以后的一不做、二不休的逆反心态，当然也是生命自由感的最高诉求。

至此，自由欲望的宣泄已经发展到极峰顶点，有没有限度和限度何在的问题也不可回避了。

二、戴紧箍儿：自由的危险性

《西游记》的作者可以有两种选择，一种选择是现有的写法，孙悟空的自由欲望受到了阻遏和限制，另一种选择是让孙悟空的自由欲望达到完全的实现，具体说就是可以写如来佛也降不住孙悟空，孙悟空取代了玉皇大帝而成为天地最主高宰。我这里不想讨论《西游记》故事已有框架的制约，或者那一时代总体思想的限制，而只作一种逻辑上的推导，看看这样能引出什么样的结果。显然，从情调而不是从思想上观照，就可以发现这样写是不行的，因为这样写也就把文章写进了死胡同。孙悟空的自由意志已经不能作进一步的表现了。即使孙悟空成了新的天帝，天地世界的大秩序还是照旧。孙悟空不可能建立一个乌托邦的平等社会，因为那同样会限制他自己的自由意志。宇宙万物要比花果山上的一群同类复杂得多，面对这样一个世界，孙悟空如果仍然坚持他一贯的生命自由意志的话，他只能依靠武力，也就是说，他只能成为一个暴君。对宇宙中的亿万生灵来说，这种结果不比现有玉皇大帝政权要好，物极必反，自由走到极端就是专制，一个人的自由是以另一个人的自由为界限的。

这种推导顺理成章地可以联系到中国两千年封建社会中多次农民起义的情况。从陈胜、吴广到洪秀全，其中有的起义被镇压了，也有的起义成功或接近于成功了。但成功了的朱元璋建立了中国历史上最专制的封建王朝，接近成功的洪秀全的南京政权发生了血腥骇人的韦杨事变。我们这里自然不是在对中国的农民起义作研究，但这种类比却可以说明"自由欲望"的无所限制和完全实现将会产生怎样的后果。说孙悟空大闹天宫乃是农民起义的象征是很有影响的一家之言，如果不是泛泛地论说，而作彻底性的追究探索，也许是更有意味的。

现在有一个有趣的例子，杀妻后自杀的"朦胧诗人"顾城有一套"自然哲学"的"理论"。他在《墓床》中这样说：

"为西方读者所熟悉的孙悟空，也是这样一个灵动的象征，它解脱了生死之念'悟空'，故而能上天入地、出生入死、大闹天宫。它是一切秩序的破坏者，也是生命意志的实现者。他作恶也行善，杀人也救人，不是因为道德，因为他不属人世，他纯粹是兴趣使然。孙悟空这个象征是中国哲学不为意识的体现。"

我曾经分析过顾城这种"理论"和他杀人自杀犯罪行为的联系（见拙作《从童话诗人到撒旦》，《山西大学学报》1994年第4期），这里无意深论，只是想借此说明"自由欲望"的无所限制是有危险性和破坏性的。这样可以帮助我们理解何以《西游记》的作者在高度赞美了孙悟空的主体反抗精神之后，却一定要把他压到五行山下五百年，而当他东山再起之后又让他受制约于紧箍儿咒。第十五回孙悟空质问观音菩萨为什么要给他戴紧箍儿，观音菩萨回答道："你这猴子！你不遵教令，不受正果，若不如此拘系你，你又诳上欺天，知甚好歹！再似从前撞出祸来，有谁收管？——须是这个魔头，你才肯入瑜伽之门路哩！"我们不能忽视这一段话，应该好好想想其中的哲理。

三、取经正果：自由的转型

观音菩萨给孙悟空戴上紧箍儿，是要"拘系"他，让他"受正果"，具体说就是让他死心蹋地保护唐僧去西天取经。为什么要取经呢？第七回如来这样说："但那南瞻部洲者，贪淫乐祸，多杀多争，正所谓口舌凶场，是非恶海。我今有三藏真经，可以劝人为善。"取经是为了"劝人为善"，而"善"的对立面是"贪淫乐祸""多杀多争"——这正是"自由欲望"没有任何限制地随意放任的必然后果。

所以，大闹天宫的孙悟空经过"五行山"和"紧箍儿"的"压"和"紧"，就使生命的能量和欲望发生了"转型"——转向了"为善"，破坏性的自由转变为建设性的自由。这就是孙悟空跟随和保护唐僧去西天取经的意义。

孙悟空西天路上和妖魔鬼怪的打斗有了明确的目的，那就是保护取经僧，那就是去西天取经，那就是"为善"。这与孙悟空闹龙宫、闹冥府、闹天宫时那种纯粹的生命欲望的发泄有了根本的区别。取经是有目标有意义的，闹天宫则是盲目、意义缺乏的。说白了，闹天宫是"个人主义"而取经是"改造世界观"，所以前者是"歧途"而后者是"正果"。

人的生命有能量发泄的要求，也有追寻意义的要求，这两种要求的交叉构成了人生的基本内容。因为这两种要求有重叠的一面，但也有发生冲突的一面，如何使生命的能量发泄并入追寻意义的轨道而不伤害生命欲望的自由，就成了人生的一个主要问题。所有宗教、主义对人生的根本设计都围绕着这个问题而打转。西方的清教徒精神和人文主义的彼此消长，"逻各斯"和"生命意志"、"超我"和"本我"的分界，中国思想传统中"人欲"和"天理"、"情"和"理"、"童心"和"礼教"、"心学"和"理学"等思潮的起伏争锋说到底也不过是这个人生基本问题的反复发作。

第十四回孙悟空打死强盗，唐僧责备，孙悟空使性撇下唐僧，跑到东洋大海。东海龙王劝孙悟空说："大圣，你不保唐僧，不尽勤劳，不受教诲，到底是个妖仙，休想得成正果。"孙悟空虽然已经修成筋斗云、七十二变等本事，但这种种神通没有与"为善"的"大方向"相联系，就还不算"成正果"，所谓"你虽得了天仙，还是太乙散数，未入真流"。所以，孙悟空保唐僧去西天取经，是一种"意义"的追求，是"自由"的转型。

从某种意义上说，从大闹天宫的齐天大圣到取经和尚的孙行者这种"转型"，是对应着人从儿童向成年的成长变化的。人只有在未成年时才有真实的自由，因为这时他不被要求承担任何义务和责任，也可以藐视任何成年人的规矩规范，儿童还没有"意义"要追求，他的意义就是玩，就是胡闹，而这正是最完美的自由状态。但随着年龄的长大，他这种无拘无束的自由就要失落，所谓成人不自在，自在不成人，他必须追求某种"意义"，完成某种事业，接受现实中各种成规的羁束，才符合"长大了"的要求。中国古代有"冠礼"，正是从形式上提醒人的"成年"意识。顾城的悲剧正在于他始终拒绝长大，妄想永远待在"童话诗人"的天地里，而这事实上不可能。《西游记》里孙悟空的"转型"是悲剧性的，但也是必须的，人生必须转型，自由必须转型，这是人的根本命运。

《西游记》的儒释道文化解读①

黄 卉

《西游记》作为文人创作神魔小说，与古代的中国神话和外国神话相比，其神话思维是自觉的，而不是朦胧的；是系统的，而不是零散的；是文学的，而不是神话的。但它们之间有一点是相同的，那就是寓言性质。因而，透过小说的神话外衣，挖掘其蕴涵的文化意义，即所寓之"言"，应是我们解读《西游记》的主要任务之一。我们将文本切分为三个层面来解读。

灵魂的自救与人格的修炼是表层意义

西天取经是《西游记》故事的主体部分。所谓表层意义，是就取经过程而言的。由取经队伍组成人员的出身、经历、遭遇和结果等事件序列所构成的意义，是直接浮于故事表层一望即知的，也是故事直接明示的部分，故而将其视为文本的表层意义。

首先，取经之于取经人而言，是一个由仙界—凡间—回归仙界的历程。这一历程，恰好画出一个起点与终点相重合的圆形图式：降落—出发—回归。这种图式在带有道教神话色彩的故事中，屡见不鲜。仙界之神因触犯天条而被贬谪人间，历经一番磨难后，又重返天界，再度成为仙界的一员。《西游记》对取经人物及过程的设计，是将一个原本佛教的故事道教化了。

这一过程，用小说中惯用的语言来表述，是一个从"放心"到"归心"，从"有心"到"无心"，从"多心"到"一心"的"炼魔"的过程。这套术语，与晚明时期"心学"的普及有很大的关系，也与故事在流传演变过程中受"三教合一"思想的影响有不可分割的联系。所以小说虽然讲的是一个西天取经的佛教故

---

① 黄卉.《西游记》的儒释道文化解读. 名作欣赏：文学研究(下旬)，2007(12)：19～22. 有删节.

事，但在叙事中却同时使用了儒、释、道三套话语。

对于取经人来说，取经之事既是一个灵魂的救赎过程，又是一个人格修炼的过程。取经队伍的一师三徒一马，本系神佛之界的人物，兹因误犯禁令而被贬落人间。玄奘原是佛界的金蝉子，"只为无心听佛讲"而被打入尘凡；孙悟空则因大闹天宫而被压五行山下；猪八戒原为天蓬元帅，因调戏嫦娥而遭贬；沙僧原本天上的卷帘大将，因"打破玉玻璃"而被贬流沙河；白龙马原是西海龙王敖闰之子，因触犯天条被贬鹰愁陡涧。他们均是蒙受菩萨的"劝化"、"戒行"而踏上西行之路的，所以取经对他们而言，便是一种"将功折罪"、"改邪归正"的灵魂自救行为，"了悟真如"、"顿开尘锁"的"务本"之道，跳出"性海流沙"，达到"浑无挂碍"的超越之路。只有历经这样的磨难与提升，方能达成"正果"。将此换成儒家的语言来表述，就是让他们"务必迁善改过，以底于至善而后已"。

灵魂自救的过程实际上也是一个人格修炼的过程，是一个事物的一体两面。这一修炼主要表现在以下两个方面：一为苦志弘毅，一为去念正心。而这两个层面又可以一言以蔽之曰：苦行精神的锻造与发扬。因为任何宗教都倡导苦行主义，只有当一个人学会了抛弃凡俗，勇敢地面对痛苦，他才能出"类"拔萃；只有克制自己的本性，反向而行，才能超"凡"入"圣"。从某种程度上说，他甚至只有热爱痛苦，才能欣然履行他的各项责任，所以锻造这种"苦行精神"的最好途径是让他们遭受常人难以忍受的磨难和痛苦。小说的九九八十一难，就是专门为此而设置的。

西天取经是一项救民水火的神圣使命和普度众生的崇高事业。它虽是以宗教的形式出场，而内在精神却深深契合着儒家的"士不可不弘毅，任重而道远"的事业心、责任心、使命感和意志力，彰显的是坚定不移的价值信仰、坚忍不拔的人格毅力和不改其志的理性自觉。而八十一难的设置，就是要让他们在"苦其心志，劳其筋骨，饿其体肤，困乏其身，行拂乱其所为"的受难考验中，做到"动心忍性，增益其所不能"，最终树立起"以天下为己任"的责任意识。因为"心生，种种魔生，心灭，种种魔灭"，要"心性归正"，就首先必须"灭心中贼"，因为王阳明说过灭山中贼易，灭心中贼难。为了制伏"心猿"，小说还设计一个紧箍咒来规范和约束他的行动，紧箍咒的真名是"定心真言"。做到所有这些，用儒家《大学》的话就是"诚心、正意、修身、齐家、治国、平天下"。

桀骜不驯的个性自由精神和
以造福人类为目的不畏艰险的追求探索精神

这是《西游记》的另一层意义。以孙悟空这一主体形象的塑造看，《西游记》中包含了具有人类普遍精神的两大母题：桀骜不驯的个性自由精神和以造福人类为目的不畏艰险的追求探索精神。

第一母题：桀骜不驯的个性自由精神。向往和追求个性的自由应当是人类共有的天性，所以在古代中国和外国的早期神话中，出现了像普罗米修斯和鲧这样命运极为相似、能量巨大却遭受个性屈辱和压抑的神祇。孙悟空的形象正是一个神通广大而又遭受镇压的不幸角色。从这个意义上看，孙悟空这一形象的塑造，应当被视为普罗米修斯和鲧这种神祇从神话向文学"移位"的产物。那么这种文学移位现象为什么出现在十五世纪的中国？这就需要从个性自由的精神在中国和外国所遇到的不同土壤及其萌发时间上，来深入理解它的内在动因。

与西方相比，汉民族的氏族解体极不充分，血缘纽带在几千年的历史长河中一直牢牢地将中国人的亲族关系缠在一起。由氏族社会遗留下来的以父系家长为中心、以嫡长子继承制为基本原则的宗法制的家庭和家族延续数千年之久，构成社会的继承单位。这种由血缘纽带维系着的华夏社会，只承认血缘族类，而不承认个人的独立价值。与之大相径庭的是，解脱了血缘羁绊的城邦化的希腊人，则承认个人的独立的原则，进而承认个人之间的后天契约原则，并将这两点认作国家的基石。这种以血缘纽带为基础，以道德伦理为价值准绳的中国传统文化，强调人对宗族和国家的义务。因此，这是一种宗法集体主义，或封建集体主义的"人学"，它与近代社会勃兴的以个性解放为旗帜的人文主义精神大异其趣。

正是因为这样的原因，所以尽管向往个性自由的集体无意识在中国古代社会中不乏存在，但人们在意识形态中对它的评价却一直持否定的态度。直到明代中后期，以王学左派的异端李贽为代表的具有早期启蒙主义倾向的进步社会思潮弥漫于中国大地之后，追求个性自由的"童心说"开始受到人们的重视，人们对这种桀骜不驯的个性自由精神的评价才有了明显的转变。如果我们将《西游记》和此前的各种《西游记》题材的小说和戏曲故事的内容、人物加以对比，就可以清楚地看出这一思想演变的历史轨迹在文学艺术作品中的曲折反映。

同样是表现人类个性自由精神的孙悟空的故事，在吴承恩之前的故事中基本上都是以反面形象出现的，其根本原因就在于以血缘纽带为基础的中国传统宗法集体主义不能接受像孙悟空这样的具有很大能量而又桀骜不驯的叛逆。所以明代中期以后出现的个性解放的思潮，不仅是对传统儒家思想的冲击，同时也对受到儒家思想大背景影响之下的诸多问题发起了挑战，对孙悟空形象的认识、改变，便是其中之一。

在《大唐三藏取经诗话》中，猴行者的身份是花果山紫云洞八万四千铜头铁额猕猴王。我们知道，"铜头铁额"是神话传说中蚩尤兄弟的外貌特征，而蚩尤在中国人的心目中是最典型的凶神恶煞。更能发人深省的是，书中写到当年具有叛逆精神的猴行者曾经偷吃过十颗仙桃，被王母捉住打了三千八百铁棒，发配在花果山紫云洞。而当他二万七千年后保护唐僧取经再次路过此地，法师让他再去偷，他不敢了。这一转变，正是宋明理学将伦理价值和道德自律上升为本体这一最高目的的鲜明而具体的体现。但是在《西游记》中，孙悟空身上这种人类普遍的个性自由精神开始得到充分的张扬，而且是作为一种善的化身而受到作者的充分肯定，这与当时作为社会主流思潮的"童心"说的深入人心是具有因果关系的，也与当时的狂禅之风不无关系。

第二母题：以造福人类为目的的探索追求精神。从中国的夸父追日，到西方的浮士德，都是这种精神的体现，这种精神较之前者更容易被社会所接受。因此随着孙悟空头上紧箍咒的出现，他的自由意志就受到极大的限制，小说的第一母题就退到从属地位。如果说第一母题体现的是对人的个性价值的尊重和体认的话，那么第二母题则体现了对人的个性价值与社会价值统一的认识，或者说是提出了个性价值如何在社会价值中得到实现的问题。如来让玄奘西天取经是因为"那南赡部洲者，贪淫乐祸，多杀多争，正所谓口舌凶场，是非恶海"，所以要传唐僧真经"劝人为善"。真经即大乘经典，就是以普救众生为目的。因此取经也就成为追求真理、锲而不舍的精神的象征，成了为人类冒险和牺牲的正义和壮丽的事业。师徒四人超越了对个人自由价值的执着，而把"普济人生"作为更高的人生追求，在追求真理的宏伟事业中，求得个人人生价值的实现，这也正是夸父和浮士德的神话精神。

两大母题的深刻蕴含：取经故事并不意味着对个性价值的取缔，而是在充分肯定个性价值基础上对个性的升华——由对个人自我解放的渴望而上升到对全人类利益和价值的追求，即将个人的解放扩大为全人类的解放，那才是最彻底的解放。所以在孙悟空被封为"斗战胜佛"时才又想起个人自由解放的事情来，然而奇怪的是，紧箍咒自动没有了，大乘佛教讲"自未度先度他"，上求菩萨，下化人生。马克思主义者关于"无产阶级只有解放全人类，才能最后解放自己"的宏伟目标，都在这个风趣幽默的故事中得到了淋漓尽致的说明。这样《西游记》这两大精神原形不仅不是矛盾的，而是具有深刻内在含义的有机神话精神体系。

个性的整合与重塑

前面两层意义实际上均是为了完成一件事情——人性的整合与重塑。希腊有一个著名的神话：双轮马车的驭手理性，手里挽着白色骏马和黑色骏马的缰绳，白色骏马代表着人的精神饱满或充满热情的一面，比较顺从于理性的指挥，而不听话的黑马代表着嗜好或欲望，驭手必须不时地挥鞭才肯就范。马鞭和缰绳不过表达了强迫和限制的概念，只有理性这个驭手才具有人的面孔，而人的其他非理性的部分则用动物的形象来代表。理性，作为人的神圣的一面，从人身上的兽性分离开来。于是就有了一师三徒一马的艺术造型：孙悟空是心"猿"，"意马"则是小白龙。人的贪婪与惰性化身而为猪八戒，人的平庸无识则是沙和尚。所以，一个寻求真理并献身崇高事业的唐僧，必须驾驭着"意马"，约束着"心猿"，催进着"懒猪"，开启引导着平庸唯诺的和尚，在生死、金钱、美色的诱惑中去磨练心性，修炼人格。若变换一个寓言角度，以孙悟空为主体来解读，那么这个形象展示的是一个人艰难的成长过程。孙悟空是个天生的石猴，用玉帝的话说："乃天地精华所生"。这一生成境域揭示出孙悟空实乃一个自然的存在，充满了不受文明教化和理性熏染的野性。所以他一出世，就要求绝对的自由，不但要突破空间限制（上天入地），还要突破时间限制（将自己的名字从生死簿上勾掉），这是人的天然禀性和天赋本能，是应该保留和尊重的。但是，人还是需要接受教化的，而人的第一任启蒙老师就是自己的父母。所以，当孙悟空"漂洋过海"找到师父后，师父问他姓什么，他说："我无性。人若骂我，我也不恼；若打我，我也不嗔，只是陪个礼儿罢了，一生无性。"一生无性，正是未受教化的说明。菩提祖师听他答非所问，便纠正道："不是这个性，你父母姓什么。"回答无父无母，就是没有家，一个没有受到文明熏染的存在。因而对他来说，什么父母尊严和权力，一概不知，当然不必遵守。所以他才会大闹天宫。无父无母，即没有父亲代表的权力和秩序，母亲代表的同情慈爱和帮助。玉帝代表父亲，菩萨则代表母亲，家庭的教育是一个人走向社会的第一步。也是很关键的一步，因此，必须让他知道什么是尊严不可冒犯，什么是秩序不可打乱。一旦触犯了规则，就将受到惩罚，并在惩罚的过程中学会自觉地遵守。所以佛祖就把孙悟空押在五行山下，巨手代表权力，五行代表秩序。因此这一节的回目就是"五行山下定心猿"。玉帝代表社会的外在的权力至尊，佛祖象征人类的精神信仰。一个人的成长，必须有精神信仰，即有精神的提升和畏惧，行为才不会放荡不羁而道德失范。

在人类发展史上，接受文化（紧箍）的规训是必要而且必须的，是保障文明得以发展的前提，是人之为人的必由之路，我们每一个人头上都戴着无数的紧箍咒，只不过我们习焉不察而已。《西游记》小说的伟大之处，就在于很巧妙地把它作了形象化的呈现，使我们由此而看到了人文教化的本质，这是庄子"混沌凿窍"故事的一个正面阐释。但应该看到作者在这里提倡的是一种文明教化的最高最理想的境界，那就是自然属性与社会属性和谐的兼容并举。既保留人的原始生命的创造力，又具有智慧的理性。如六耳猕猴就是孙悟空潜意识中的魔性，这是连菩萨也不能识破的，如来佛祖就说，这是二心相战，其实也就是人格的分裂。因此，取经修炼的过程就是寻求双重人格的一个美好和谐整合的过程，重返仙界的师徒，其人格自然也就完成一次重塑。

同伴分享

紧箍该不该取？对这个问题，同学们在课堂上展开热烈的讨论，他们结合孙悟空的性格、紧箍的由来及作用展开分析，且能联系生活，联系法律，深入理解"紧箍"的约束。

生1：我觉得不该取。孙悟空本性追求自由，紧箍是对他的唯一限制。就像病人治病还没度过稳定期一样，你以为他好了，但停药后不知道什么时候又会复发。

生2：我认为该取，就算把孙悟空的紧箍去掉了，他也是个言出必行的人。他答应了护送唐僧取经。他对自己的承诺不会违背。很多人认为孙悟空是对唐僧有威胁的。其实不是，他也是一个善良和重情重义的人，不需要紧箍也会保护唐僧。

生3：不该取。他是很会感恩，也善良。不会随意伤人。但他还不成熟，应该要有个限制，人人做事都要有个约束，有时你并不是有心害人，但做出来的事情未必正确，没有约束地做事会酿成恶果。

生4：我也同意上一位同学。为什么要设置法律呢？法律并不是惩戒好人的，是警告图谋不轨的人。如果不是心有企图，法律是不会对普通人造成约束的。就像我们没写作业，就算不是有心，也要适当罚抄，以此为戒。紧箍跟法律一样，摆在那里是一种警示，如果孙悟空真的洗心革面，紧箍也不会令他难受。

生5：我认为不该取。人非圣贤孰能无过，就算是神通广大的孙悟空，万一后面遇到不可抗拒的困难，他打退堂鼓是有很大可能的。只有孙悟空紧箍在头，唐僧取经才能无后顾之忧。

生6：我认为该取。孙悟空的心毕竟是正义的。他和唐僧应该有话好好说，不应该用这种方法来制约，这对于他们的师徒关系也会造成很大影响。

生7：该取。就像上面有同学说的，法律是用来约束恶人的。但世界上没有绝对的恶人，更何况是从未错杀好人的孙悟空。按照之前那位同学的说法，哪怕是你忘记写作业，也不是每次都会被罚抄啊！老师总会给你机会的吧？事不过三对不对？知错就改嘛。而且依照孙悟空的性格，若念紧箍咒把他逼急了，他痛死了也会直接不干，甩手走人的。

生8：我认为不该取，因为孙悟空前期有紧箍咒的约束，他才会帮唐僧取经。后期取了，指不定会发生什么。

生9：刚刚有位同学说道"有什么事情可以好好说"，要是孙悟空是个能好好说的人，他怎么会三打白骨精之后不跟师父解释，以至于被误会？所以我还是坚持不该取。

生10：一开始的时候孙悟空是被镇压的，依照他放纵不羁、自由自在的性格，怎么可能会服服气气地受唐僧驱使？所以才有紧箍。紧箍的作用其实是两个字：约束！我们常说，没有规矩，不成方圆！

生11：观音菩萨给孙悟空戴上紧箍，目的是让唐僧能更好约束本领高强、天性自由的悟空，让取经事业能顺利完成。人的能力不能无限大，否则会失控，就像核电站必须有控制装置，否则就会爆炸了。试想一下，如果我们每个人都像孙悟空一样可以把自己的个性极致发挥，那会是个什么样子啊？一个字："乱"！虽然人人都有追求自由的权利，但自由是相对的，"人人都接受法律的约束，人人都从遵守法律中获得自由。"

生12：人总要生活在集体中，总要受点约束，国有国法，家有家规，校有校规，班也有班规，哪怕是上公交车，到医院看医生，都有个先来后到的规定，"紧箍"相当于这些法规，是起约束作用的，大家能自觉遵守，人和人之间的相处会更和谐，社会也会更加安定。所以，取经路上，悟空的紧箍不应该取。

2. 唐僧组

（1）小组派代表上台介绍

同伴分享

唐僧组的同学很有创意：PPT的第一张图以护照形式把人物关键信息录入"出国签证"中，结尾以"取经报告"的形式介绍取经团队的经验和教训，中间以先抑后扬的手法凸显唐僧的品质和在取经团队中的作用。

开头

出国签证

- 签证种类：A
- 姓名：唐僧
- 国籍：唐朝
- 民族：汉族
- 出生日期：仁寿二年（602年）
- 法号：玄奘
- 号：三藏
- 籍贯：河南洛阳
- 签发地点：天竺

- 职业：和尚
- 出国目的：取得真经
- 宗教信仰：佛教

中间

大家好，我是唐僧。大家都觉得在"三打白骨精"中我有如下缺点：是非不分、盲目慈悲、固执迂腐、懦弱无能。

悟空痛打妖怪时，我阻止他：（第二十七回）只见那行者自南山顶上，摘了几个桃子，托着钵盂，一筋斗，点将回来。睁火眼金睛观看，认得那女子是个妖精，放下钵盂，掣铁棒，当头就打。唬得个长老用手扯住道："悟空！你走将来打谁？"行者道："师父，你面前这个女子，莫当作个好人；他是个妖精，要来骗你哩。"三藏道："你这猴头，当时倒也有些眼力，今日如何乱道！这女菩萨有此善心，这饭要斋我等，你怎么说他是个妖精？"

遇到困难时，我懦弱不堪：（第十五回）三藏道："既是他吃了，我如何前进！可怜啊！这万水千山，怎生走得！"说着话，泪如雨落。行者见他哭将起来，他那里忍得住暴燥，发声喊道："师父莫要这等脓包行么！你坐着！坐着！等老孙去寻着那厮，教他还我马匹便了。"三藏却才扯住道："徒弟啊，你那里去寻他？只怕他暗地里撺将出来，却不又连我都害了？那时节人马两亡，怎生是好！"行者闻得这话，越加嗔怒，就叫喊如雷道："你忒不济！不济！又要马骑，又不放我去，似这般看着行李，坐到老罢！"

遇到责任时，我全力推脱：（第五十六回）在孙悟空替他打死抢劫的强盗时，他推脱责任，竟不顾师徒之情，祝祷道："拜惟好汉，听祷原因：念我弟子，东土唐人。奉太宗皇帝旨意，上西方求取经文。适来此地，逢尔多人，不知是何府、何州、何县，都在此山内结党成群。我以好话，哀告殷勤。尔等不听，返善生嗔。却遭行者，棍下伤身。切念尸骸暴露，吾随掩土盘坟。折青竹为香烛，无光彩，有心勤；取顽石作施食，无滋味，有诚真。你到森罗殿下兴词，倒树寻根，他姓孙，我姓陈，各居异姓。冤有头，债有主，切莫告我取经僧人。"

我的确不如历史上的玄奘：唐僧取经是历史上一件真实的事。大约距今一千三百多年前年仅 28 岁的青年和尚玄奘私自离开京城长安，到天竺（印度）游学。他从长安出发后，途经中亚、阿富汗、巴基斯坦。玄奘历尽艰难险阻，翻越雪山大漠、绝壁深渊，最后到达了印度。他在那里学习了两年多，并在一次大型佛教经学辩论会任主讲，在印度享有极高的声誉。回国时，从印度带回诸多经书，为中国的佛教发展做出巨大的贡献。

我知道大家不喜欢我，但是，取经团中没我行吗？

其实，我也是个心地善良、信仰坚定、不畏艰险、勇往直前的人。

意志坚定：唐僧的坚定是取经路能够走完，并最终成功取得真经的先决条件。没有唐僧的坚持，取经团队早就在孙悟空和猪八戒的搅局下散了。每次九死一生后，他仍选择往西去。第二十六回的五庄观留友，第四十八回的陈家庄待客，第八十七回的凤仙郡宴酬，第九十六回的寇员外斋赠，对于长期过着风餐露宿生活的唐僧师徒来说，实是难得的舒适，但这无一能阻挡唐僧西去的脚步。

仁爱、谦怀：悟空刚从五指山下出来时，身无寸缕，唐僧把自己的白布小衣给他穿，后又挑灯为他缝制了一件虎皮裙。观音命唐僧以紧箍咒收服孙悟空，唐僧虽然听命，但见悟空十分痛苦的模样，"又不忍不舍，复住了口"。如当观音幻化成疥癞僧拍台高叫大乘教法事，唐僧竟然翻身跳下台来，对菩萨起手。与寻常樵子道别，他翻身下马。可见，唐僧的迂腐和不明是非的行为很多都是由其仁爱与谦怀的本性使然。

我们对唐僧这一凡人要求太苛刻，而忽略了唐僧是作为一个凡人而存在的。人与神相比，自然要相形见绌，但唐僧这一人物却真实地展现了凡人的真正处境。从唐僧身上，人们看到了太多的真实的自己无法摆脱的弱点，唐僧反而成了一个不受欢迎的人物，而充满着理想或者夸张色彩的孙悟空和猪八戒却成了他们最喜爱的人物了。像孙悟空有如此本领的人遇到困难也是哭，而且他哭的次数也绝不在少数，只是大家被他的英勇的形象所吸引，而忽略了他软弱时候的表现。一个非凡的神魔人物尚且如此，对一个凡人唐僧的要求何必那么苛刻呢。

唐僧形象具有重要的思想和文学意义：唐僧怯弱无能、胆小怕事，体现了作者所处的时代特征，表明传统的富于古典美的人格模式的一统地位开始动摇，新的人格审美观念正在形成。明代是我国历史上思想自由、人性解放发展体现得淋漓尽致的时代，《西游记》正是由明代淡化神像，重视个性解放的时代环境孕育孵化成的，开了此等小说演义的先河，其后的《三言二拍》《金瓶梅》，尤其是《儒林外史》《红楼梦》对传统人格的无情批判更为突出。《西游记》实际是中国文学由雅到俗、由贵族文学到平民文学、由古典审美趣味向近代审美情趣转变的重要桥梁，因而小说中塑造的唐僧形象具有文学创新意义。

唐僧取经原是一个真实的历史事件。唐太宗贞观年间，僧人玄奘不顾禁令，前去天竺国取经，费时十七年，经历百余国，终于取回真经，为我国佛教文化做出了巨大贡献。而在《西游记》小说中，作者把唐僧这一坚忍不拔、执着追求的性格进行了进一步刻画，成为多少人为之学习的楷模。作为师父，他对徒弟要求很严，经常教导徒儿要"慈悲为怀"。

大徒弟尽管机智不凡，本领高强，但在连伤"良家三人性命"后，师父也不顾情面，将他逐回老家；作为僧侣，他行善好施，为民除害，为人们播撒着善良的种子；作为求学者，令人们赞叹不已的是他那坚强的意志和执着追求的精神。他不仅对徒弟要求严格，而且也从不懈怠自己。不为财色迷惑，不为死亡征服。不达目的誓不罢休的坚强信念，使他终成正果。唐僧给我们的启示是："世上无难事，只怕有心人"。

结尾

取经报告

尊敬的陛下：

为弘扬佛法，普度众生，超度亡魂，根据《公元 627 年大唐工作安排》（唐发【627】1 号），成立唐三藏取经办公室，奉命到西天求经。

取经办公室师徒四人历时 14 年，行程十万八千里，经历九九八十一难，终于取得了大乘真经，圆满地完成了取经任务。一路上降魔无数，除八戒外，其余 3 人先后拒绝各类美女诱惑 N 次。

现将取经相关工作总结汇报如下：

一、思想高度重视，组织领导得力

首先，佛祖专门派观音菩萨实地考察、筛选，最终选定人选——唐主任，体现了严谨、扎实的领导作风。其次，唐王的任人唯贤、不拘一格都充分表现出了对取经事业的大力支持。

二、过程注重转变，结果力求实效

受领取经任务的最初，唐主任就开始了从一个小僧到一个取经人的转变。不但自己转变，也让徒弟们转变。

大徒弟孙行者：唐主任救他于五指山下，给他念我佛经文。经过唐主任的耐心说服教育和紧箍咒惩罚之后，他便明白不应随意打杀人，并成为唐主任的得力助手。

二徒弟猪八戒：曾为天蓬元帅，因调戏嫦娥被贬下界。唐主任在高老庄收他为徒，给他讲空即色、色即空的道理，动之以情，晓之以理，使他有了很大转变。虽然在途中对个别女性还存在过激行为，但剖析问题根源，也只是因为他六根未净，受外界影响太深所致。

三徒弟沙悟净：本是天上卷帘大将，因莽莽撞撞摔坏玉帝酒杯，被贬流沙河。唐主任收他为徒，使他从吃取经人的妖怪渐渐转变成一个取经人。唐主任也常与他讲我佛经文，加速他转变。

三、工作认真负责，坚持多措并举

西游途中吾等杀死的妖怪其实只是冰山一角，更多的妖魔在吾等的一番苦口婆心的劝说下都将唐主任送回。只有那些顽固不化和有背景后台的还一时执迷不悟，但都已被三个小徒所铲除，有背景的均已遣返给原主人。

四、奖惩实施严格，统一标准要求

奖惩不分明就不能服众，所以取经路上唐主任注重建章立制，明确奖惩，该奖的就奖，该罚的就一定要罚！奖的时候可以让其多吃点、多喝点、少值个夜班。而罚的时候决不能心慈手软。在"神狂诛草寇，道昧放心猿"时，取消了孙悟空的取经资格，只因他平时太凶残，随意打杀人。八戒闹分家的时候，及时让悟空给他一点教训，使他认识到挑拨离间的错误，使他的思想和行动统一到取经上来。

但是，成绩只能代表过去，回顾几年来的取经历程，还存在以下几点不足：

一是思想上太单纯，识辨正邪能力有待提高。个别人好几次因听信妖怪谗言，险些遭遇不幸，甚至是冤枉悟空，导致六耳猕猴趁机而入，险些酿成重大事故。

二是个别小事，如记性不好，导致吾等的取经成果险些付诸东流。吾等取完经，却忘给河里的千年老龟询问寿命，渡河时被老龟忽悠到水里，导致部分真经受损。

以上是我们在取经途中的几个方面，不能代表全部，成绩远远不止这一点。对了，在唐主任的指挥下，师徒四人广泛开展了为民办实事活动，一路上赢得了群众的广泛赞誉。

以上报告妥否，请批示！

取经办公室
公元六四一年十月一日

(2)讨论：唐僧认为"劝善"就是"惩恶"，而且是最大的"惩恶"。恰恰相反，孙悟空认为"惩恶"就是"劝善"，而且是最大的"劝善"。你如何看待这个问题？

同伴分享

生1：我觉得他们的做法都不对。首先，"江山易改，本性难移"。当一个人实在罪大恶极、劝说无效的时候，我们才对他进行惩罚。当一个人只是初犯错的时候，应该像唐僧一样进行劝善。人非圣贤，孰能无过。所以能够劝的，我们就要去劝。

生2：我觉得应该劝善，因为"人非圣贤，孰能无过"，知错就改，方为圣贤。就因为妖怪犯了错就把他打死，如果劝善之后他决定改过了呢？坏人恶人都能意识到自己的错误。

生3：其实我觉得，就像一些俗语说的，"打一巴掌给一块糖"。就好比说同学之间相处，如果他犯了错，首先应该劝他改过，实在不行才通知老师来帮助他，不然在现实生活里，这就成了不近人情了。

生4：在现实生活中，我们应该在这两者之间调节，能将他带上善路的，我们便劝；实在劝不了的，我们再惩罚。

生5：唐僧主张"劝善"，是因为他本是佛家弟子，佛家的第一诫便是：不杀生。很多时候他的做法都是从这一点出发的。但是结合我们的生活实际，或是某些特定的环境，假如恶魔张开了血盆大口扑向你的时候，你此刻拼命地对它说"善哉，善哉！"那还来得及吗？

生6：唐僧是根据佛家的"不杀生"来考虑的；佛家认为"众生平等"，每个人都应该慈悲为怀。书中悟空有一次去求菩萨的帮助时，菩萨说，"菩萨妖精，皆是一念"。这个"念"，就是人的思想。如果每个人都有一颗向善的心，那么每个人也就成佛了。有一句话叫作"放下屠刀，立地成佛"。只要每个人都有善心时，就离成佛不远了。小说最后，如来封悟空为"斗战胜佛"，是因为"在途中炼魔降怪有功"，可见，如来是赞成悟空的做法的。"惩恶"与"扬善"，应该辩证地从两方面来进行分析。

生7：不可否认，佛教宣扬的众生平等、大慈大悲等这些教义在培养人性向善方面，有其不可否认的积极作用。但是，如果恶魔已经举起屠刀、张开血盆大口时，还一味劝善，结果只能是令"恶"成为恶者的"通行证"，"善"成为善者的"墓志铭"！学会自卫，该出手时就出手！

(3)阅读《〈西游记〉的绝妙之处》，结合唐僧组的介绍，思考：为什么唐僧是取经队伍的领导？

基础阅读

《西游记》的绝妙之处①

韶 华

一位日本企业家在总结他的成功管理经验时，对中国古典小说《西游记》

---

① 韶华.《西游记》的绝妙之处.视野，2004(9)：50.

中的用人策略推崇备至。

我们不妨把佛教、基督教、伊斯兰教这三大宗教比作全球名列三甲的跨国大公司，佛教公司的大老板为了实现全球化发展战略，在中国作市场推广，经中外高层领导慎重决策，千挑万选看中了唐僧，即委以中国区域首席代表的重任，希望他取回真经，传承衣钵，拓展事业，做大做强。并给他配备了精兵强将悟空、八戒、沙和尚做助手，白龙马为坐骑。

如果光从表象看，唐僧的个人才干与他的几个助手相比，似乎一无所能。论降魔伏妖，他不如神通广大的孙悟空；论吃苦耐劳，他不如憨厚拙朴的猪八戒；论勤勤恳恳，他不如任劳任怨的沙和尚。但公司大老板偏偏让他做了中国区域市场开拓的第一把手。原因很简单，就是因为唐僧具有以上几位均不可比拟的对事业的坚定信念，有不取回真经绝不罢休的执着精神。结果证明老板的确有眼光，尽管取经路上师徒四人经历了九九八十一难，悟空几次含冤离职，八戒也多次叫嚷散伙，但只要唐僧在，信念就不灭，团队不散，最后他们终于取回了真经，唐僧也成为了一代宗师。

鞍前马后、吃苦耐劳的猪八戒往往最容易成为领导心头的第一人选；勤勤恳恳、老实听话的沙和尚自然也是许多领导力荐的后备干部；而本领高强、桀骜不驯的孙悟空，虽然不甚讨领导欢心，但也有可能坐上第一把交椅，人才难得嘛。但是，这样的组合，上西天取经一定会半途而废。《西游记》的高明之处就是让这些将帅之才各就各位，适得其所，每人在各自合适的岗位干好自己的工作。勇者开路，能者显才，智者献策，而将将之才必定是那些对终极目标抱有坚定信念的贤人志士！

3. 八戒组

（1）八戒组派代表上台介绍

介绍的内容包括猪八戒的身世、姓名来历，八戒使用的武器——九齿钉耙，八戒说得最多的话，"八戒"的含义、八戒破戒的具体表现（贪吃、贪色、贪睡、贪财、偷懒），八戒的缺点，八戒的优点，关于猪八戒的歇后语。

八戒全称"八戒斋"，是佛教为出家的男女教徒制定的八项戒条。包括不杀生，不偷盗，不淫欲，不妄语，不饮酒，不眠坐华丽之床，不打扮及观听歌舞，正中过后不食。

小贴士

（2）辩论

同学们对猪八戒这个人物有两种不同的看法，为此同学们组织了一场辩论。假如你是正方，针对反方辩词该怎么说？

反方：我方认为，猪八戒好吃懒做，见识短浅。在取经的路上，意志不坚定，遇到困难就嚷嚷着要散伙。而且还经常搬弄是非、耍小聪明、说谎，又爱占小便宜，贪恋女色。是一个贪生怕死、自私自利的人。

正方：我方认为，猪八戒……（理由要符合人物特点，表意清楚即可）

4. 沙僧组

（1）沙僧组派代表上台介绍

同伴分享

沙僧组 PPT（节选）

第一张：沙僧的简历

沙悟净，本是卷帘大将。先因蟠桃会上打碎玻璃盏，被贬下界，落于流沙河，伤生吃人造孽。幸皈教，诚敬迦持、保护圣僧，登山牵马有功，加升大职正果，为金身罗汉。

第二张：沙僧最初的长相（配图）

青不青，黑不黑，晦气色脸；长不长，短不短，赤脚筋躯。眼光闪烁，好似灶底双灯；口角丫叉，就如屠家火钵。獠牙撑剑刃，红发乱蓬松。一声叱咤如雷吼，两脚奔波似滚风。

第三张：沙僧的缺点

1. 奴性，做不到敢说敢做。

2. 没有自己的主见，做不到无所顾忌。

第四张：沙僧是多余的吗

看电视剧，你就会发现，我好像成了可有可无的人物。甚至，有人认为我是多余的，但是，如果缺了我，仅凭着他们，能够到西天取得真经吗？

第五张：沙僧在书中的角色

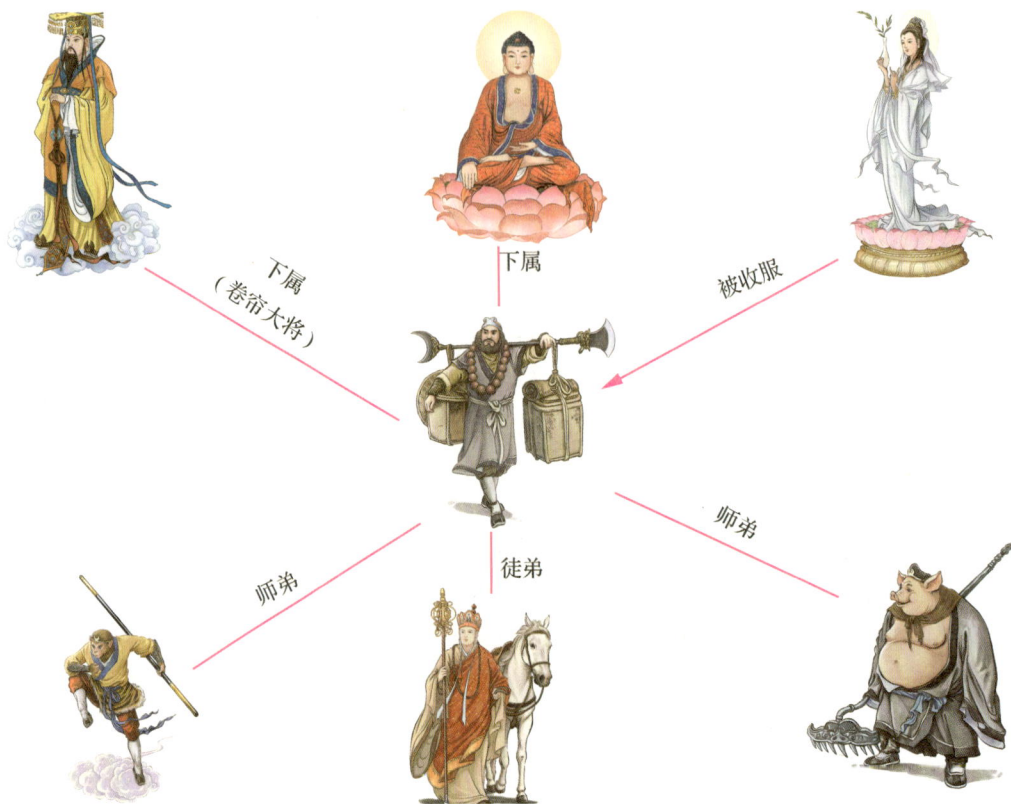

沙僧的人物关系图

第六张：沙僧的性格

沙僧诚实、忠厚，任劳任怨，从不左顾右盼，谨守佛门戒律。沙僧的性格比较像中国广大百姓——心地善良、沉稳庄重。

第七张：沙僧的优点

1. 忠心耿耿——他心中暗想道："分明是他有书去，救了我师父，此是莫大之恩。我若一口说出，他就把公主杀了，此却不是恩将仇报？罢、罢、罢！想老沙跟我师父一场，也没寸功报效，今日已此被缚，就将此性命与师父报了恩罢。"

2. 信仰坚定——沙僧闻言，打了一个失惊，浑身麻木道："师兄，你都说的是那里话。我等因为前生有罪，感蒙观世音菩萨劝化，与我们摩顶受戒，改换法名，皈依佛果，情愿保护唐僧上西方拜佛求经，将功折罪。今日到此，一旦俱休，说出这等各寻头路的话来，可不违了菩萨的善果，坏了自己的德行，惹人耻笑，说我们有始无终也！"

3. 英勇无比——沙僧将酒亦一饮而干，道："师父！那黄袍怪拿住你时，我两个与他交战，只战个手平。今二哥独去，恐战不过他。"

4. 懂得协调人际关系——"上告师兄，前者实是师父性暴，错怪了师兄，把师兄咒了几遍，逐赶回家，一则弟等未曾劝解，二来又为师父饥渴去寻水化斋。不意师兄好意复来，又怪师父执法不留，遂把师父打倒，昏晕在地，将行李抢去。后救转师父，特来拜兄。若不恨师父，还念昔日解脱之恩，同小弟将行李回见师父，共上西天，了此正果。倘怨恨之深，不肯同去，千万把包袱赐弟，兄在深山，乐桑榆晚景，亦诚两全其美也。"

第八张：沙僧是队伍的向心力

沙僧的主要责任就是留守后方，保卫唐僧、马匹和行李，默默地为取经团体做出奉献。沙僧常常在同行人发生争歧时，寻求共识，调和矛盾。他还多次与师兄配合降妖，立下了汗马功劳，沙僧虽少有突出的表现，但是，如果没有他的帮助，没有他的出谋划策，孙悟空遇到的麻烦就会更多更大。

第九张：人物启示

每个人都有自己的本性，每个人也都有自己的作用，大角色也好小角色也罢，无论大小高低、升落增减，这一切的关键只在于要做到孝谨忠勤、悟得本性、遵从本心、发挥作用，倘若如此，便能悟到正觉佛智，能够像沙僧一样以平凡的心、普通的智而修成正果。

第十张：关于沙僧的歇后语

沙和尚打伞——无法无天

沙和尚喝磨刀水——有内秀（锈）

沙悟净回流沙河——风云再起

（2）对沙僧组的点评

点评注意事项：

1. 以尊重他人为前提，不使用侮辱性或攻击性的语言。

2. 先肯定优点，能针对不足处提出建议。

3. 评价内容要具体，如课件内容是否充实，条理是否清晰，课件制作是否合理、美观，主持表达是否流畅等进行评价。

小贴士

同伴分享

下面是你的同龄人对沙僧组在读书交流上的评价，请参照上面的小贴士，给唐僧组写一段100字左右的点评语。

沙僧组的优点：

1. 课件很有条理：先介绍沙僧的简历、外貌、简要分析他性格中的缺点，再以一个问句"沙僧是多余的吗"引出他的优点，最后总结人物形象及人物启示，思路清晰。

2. 图文并茂。沙僧在书中的角色用"人物关系图"出示，让人一目了然。

3. 介绍时能用自己的语言而不是照着课件念，前后衔接自然。还用了第一人称，提到沙僧时用"我"来称呼，很亲切。

建议：

1. 介绍沙僧的"英勇无比"时可多补充他的英雄事迹，包括他使用的武器。

2. 课前要多熟悉内容，语言才能流畅。眼睛要看着大家，与同学们要有眼神的交流。

5. 神佛组

神佛组派代表上台介绍，主要围绕观音和如来这两个形象展开。一是观音。介绍观音名字的由来，观音从男相转化为女相的原因，《西游记》中的观音救苦救难、慈悲为怀的具体表现。二是如来。介绍了身世，围绕"非凡的佛与世俗的人"，列举了如来法力无边、遍知一切的神的表现，和狭隘爱财、精于世故的人的特点。最终得出了结论：《西游记》中的佛教与实际的佛教有一些出入，但不能认为作者不懂佛法，作者只是借书中情节反映当时社会的黑暗、腐败。所以，这也可称为不一样的佛教——"《西游记》的佛教"。

6. 妖怪组

妖怪组从以下几个环节展开：

猜猜他是谁（图）；没有后台的妖怪死得快；妖怪中的女强人；妖怪中的典型（黑风怪，六耳猕猴金角大王，银角大王，琵琶精）；举例说明妖怪人性化的一面；谈读后启示（妖怪虽然看起来很残暴，但其实他们也有善良的一面。所以我们看人不能只看别人的缺点，应该多多发现别人的优点。）

师生共学

下面是老师对《西游记》读书交流会中"西游人物探究"的总结，读一读，也许可以得到一些启发。

首先，突出的亮点。

1. 态度认真。对原著的研读比较深入，能扣住相关情节、抓住人物的各种描写去分析人物的性格，不少小组还会注明出处，页码标注详细，方便同学们在原著中及时找到相关内容，如观音组对观音救苦救难、慈悲为怀的介绍，第四十二回，菩萨道："汝等俱莫惊张。我今来擒此魔王。你与我把这团围打扫干净，要三百里远近地方，不许一个生灵在地。将那窝中小兽，窟内雏虫，都送在巅峰之上安生。"此处写观音在倾瓶之前让土地神清理周围，不让无辜者丧命，这是观音慈悲为怀的表现。

2. 形式新颖。沙僧组用"人物关系图"介绍沙僧的身份，唐僧组开篇把人物关键信息录入"出国签证"中，结尾以"取经报告"的形式介绍取经团队的经验和教训。

3. 团队意识。对课件的制作做到精益求精，一改再改，老师收到修改最多的课件是第5稿，唐僧组听到同学们对悟空组的建议后，课间一直在教室修改课件，而沙僧组的则跑到教师办公室去做修改，同学们不甘落后，分组活动方式激发了大家学习的热情。后来上台的小组展示愈发精彩。

4. 辩证思考。在分组讨论前，起初无人愿加入唐僧组（大家认为唐僧一无是处），唐僧组研读原著后充分挖掘出唐僧的优点。同学们在"是非不分、盲目慈悲、固执迂腐、懦弱无能"的唐僧身上找到了"心地善良、信仰坚定、不畏艰险、勇往直前"的优点，具体内容可见唐僧组的课件。

其次，建议或思考。

1. 分析人物时引用的事例能否更典型？

八戒组的同学能从辩证的角度分析其优缺点，这很好。但谈到八戒的"老实"，举的是这样的事例：遇到师父师兄皆被妖怪擒走，沙和尚急得跳脚，老猪就不。你听人家老猪怎么说：急什么急，大不了散伙，俺回高老庄。这恰恰是八戒的缺点：意志不坚定。对取经的态度，八戒动辄分家散伙，而沙僧却始终矢志不渝。而在第四十八回通天河落水这个故事中，猪八戒的形象表现得很突出，作者具体描写了他丰富的生活常识与劳动经验，这是猪八戒平时不为人知的长处。因河水结冰，八戒提醒要用稻草包着马蹄，以防冰滑，足见八戒对师父的体贴照顾。

2. 收集的资料能否更广、更深些？

观音组介绍观音时肯定其慈悲为怀，但重点介绍的是作品中"不一样的佛教"，把神仙从神坛拉下，当作人来写，甚至持嘲讽调侃的态度，体现了对人性自由的向往和个人价值的肯定，是与当时的启蒙思想和时代精神相吻合的。明中叶以后，城市手工业、商业空前繁荣，市民阶层不断壮大，市民文化也迅速发展起来。随之而来的是追求个性解放和思想自由的潮流。

还有观音性别的变化，与我们民族追求美善统一的文化心理及审美意识密切相关，这些知识可以点到即止，开阔同学们的视野。

3. 能否适当用比较的方法？

如：悟空和唐僧对妖怪态度的对比；八戒与沙僧对取经态度的对比；作为团队领导的唐僧，有人戏称他是"戴着僧帽的儒生"（其取经目的是尽忠以报国："贫僧不才，愿效犬马之劳，与陛下求取真经，祈保我王江山永固。""我已发了弘誓大愿，不取真经，永堕沉沦地狱。大抵是受王恩宠，不得不尽忠以报国耳"；他常称引儒家经典教训徒弟），与《三国演义》中的刘备、《水浒传》中的宋江都可称为儒生（知识分子），其部下都比其强，为什么都能做团队领导？感兴趣的同学可以阅读《刘备、宋江和唐僧"主弱"形象的文化传统原因》（席红霞）和《被误解的唐僧》（淮茗），作进一步研究。

> 比较阅读法，是把两种或两种以上同类或者有一定联系的文章，放在一起比较分析其共同性和特殊性。这个比较是有条件的：①要有可比性；②要选择可比点；③比较点的选择可以是某个方面或是某个角度。

小贴士

三、重组送经团

西天取经，历经九九八十一难，最终取到了有字真经三十五部。当初取经的目的是"弘扬佛法，救赎众生"，取经团队一路上降妖除魔，救苦救难，给各地的人民带去了福音，其实，这种行动本身就是一部无字真经。取经团队实际上也是送经团队。现实生活中充满着许多的不幸和灾难，如何把取得的真经送达需要帮助和救赎的地域、人群？穿越历史，请同学们重组送经团，完成新的使命。

送经团可以送有字的真经，也可以送无字的真经，当你可以给他人带去福音的时候，其实无字真经就已经到了。

1. 上网查阅资料，了解近几年世界各地发生的灾难。

2. 回忆唐僧师徒取经路上遇到的妖精，思考：如果让你重组送经团，你会如何取舍？如果要带上一只妖怪，顺便度化他，你选谁？你会把经送往何处？

唐僧师徒取经路上遇到的部分妖精：

黑风怪：这是孙悟空加入取经队伍后遇到的第一个挑战。黑风怪就是那个贪财的金池长老的邻居，看见邻居家失火了跑来救火，看见锦斓袈裟后趁火打劫。

白骨精：善变，一会儿变姑娘，一会儿变老奶奶，一会儿变老爷爷，因为她，唐僧赶走了悟空。

圣婴大王：即红孩儿。三昧真火把悟空烧得够呛，又掉到冷水里一激，火气攻心，三魂出舍。最后还是请出了观音菩萨，才将其收了去做童子。

大鹏金翅雕：实力一流的妖魔！识破悟空变化，赶上悟空筋斗云将其抓回，大战悟空不分胜负，安排缓兵苦肉计将唐僧师徒分而擒之……最后如来佛祖亲率文殊、普贤二菩萨及五百罗汉、三千揭谛同去伏魔。

……

有同学查找了近几年发生的灾难，同学们并对重组送经团发表了如下看法：

2013 年 10 月 8 日菲律宾台风"海燕"，造成死亡人数超过 6000 人次，失踪人数超过 1800 人。

2013 年 6 月 12 日，印度北部连续降雨，造成 5000 人死亡，11 亿美元经济损失。

2013 年 4 月印度东部遭热浪袭击，死亡人数达到 531 人。

……

生 1：我们送经团还是四个人，是互补的，缺一不可。唐僧弘扬佛法，徒弟三人帮他们消灾。

生 2：我觉得直接带着孙悟空过去就行了，很多地方受灾受难，孙悟空只要拔一根汗毛，变几十万只孙悟空，就可以救苦救难，而其他人都没有孙悟空那么法力高强。

生3：孙悟空只是打妖怪，消灾而已，他不懂佛法。不是直接消灾就完事了，我们还要弘扬佛法，唐僧随便一开口就出口成章，还是四人组比较好，不然一路上也乏味啊。

生4：弘扬佛法也算消灾？人家连饭都吃不饱了，阿弥陀佛有什么用。取经团四人，是互补的，我觉得像救火队一样，人越多越好，如果能多带一个人的话，我觉得带龙王比较好，带东海龙王。送经团会经过陆地和海洋，有时候水的作用比陆地还要大，而孙悟空不擅水战，龙王擅长用水，像地震引发的海啸、大洪水、连续降雨，龙王都可以把水收掉，像干旱、大火，龙王也可以解决问题。

……

【问题探讨】重组送经团时，部分同学对带妖怪一事持否定态度，认为去救苦救难，本属人命关天的事情，万一妖怪作孽，苦上加苦；而妖怪太弱，又拖后腿。你有什么想法呢？你准备如何组建送经团呢？

第四课段 | 专题写作

80万字的《西游记》阅读之旅是艰苦的，同学们以坚定的信心、不懈的努力，在逐梦之旅中欣赏到无尽的风光，领略了传统经典文化的魅力。阅读交流中，同学们的思想在碰撞，智慧在生长。

如果说阅读是吸收，那么吸收的养料亟须变成支撑自己前行的力量。读写结合，融入生活，才能更有效地实现知识与能力的转化，才能有效地促进智慧的生成，才能形成激励我们不断前行的精神营养。

本课段的学习内容是微型写作和想象作文。微型写作包括写颁奖词和邀请函。颁奖词是写给上一环节中介绍的人物的，邀请函则写给重组的送经团成员。想象作文是续写一回《西游记》，主要围绕重组的送经团到世界各地救苦救难、造福百姓的内容。

建议用4课时。

一、写颁奖词

学习任务

1. 学习颁奖词的写法，给上一环节中介绍的人物写一则颁奖词，150字左右。

2. 学习敬称、谦称和邀请函的写法，给重组的送经团成员写一则邀请函。

小贴士

颁奖词是对受表彰的公众人物颁发奖项时宣读的致词。通过宣读颁奖词，能让大众了解获奖对象的事迹及其精神，从而取得一种教育的效果。因此，它必须借助于优美的语言文字对获奖对象进行准确的陈述与评价。

同伴分享

1. 万里行僧——唐三藏

十四年风霜雨雪，坎坷万千，荆棘无数；十四年春去秋来，梦里还乡，坚定前行。凶恶的妖魔将你阻挡，绵长的崎路使你迷茫，你却从未回头，凭着一副凡胎，完成了取经的重任。跨山越岭的足印，漂泊过海的行迹，一程复一程，那是倾倒世界的坚定。（韩宜君）

点评：

（1）标题

标题相当于文章的眼睛，"万里行僧"高度概括唐僧的事迹，题目后面可以加上被颁奖者的姓名，用破折号相隔，如"万里行僧——唐三藏"。

（2）正文

第一，大笔写意，点明人物的事迹。

从大处着眼，抓住人物最主要的令人钦佩的事迹。"十四年风霜雨雪，坎坷万千，荆棘无数；十四年春去秋来，梦里还乡，坚定前行。"高度概括唐僧的取经事迹，言简意丰。

第二，纵深开掘，彰显人物的精神。

在颁奖词中，要体现出人物的闪光心灵、人格魅力，或是人物的坚强意志、思想品质等，如"坚定前行"，"……使你迷茫，你却从未回头"。

第三，综合表达，事、理、情有机融合。

颁奖词的表达方式主要有叙述、议论、抒情。用几种表达方式将人物事迹、精神，以及对人物的赞美之情有机融合在一起，做到水乳交融，自然成趣。

第四，语言流畅，富有音乐美。

颁奖词一般很简短，字字珠玑，意蕴丰富。同时还要求语言悦耳动听，富有音乐美。"十四年风霜雨雪，坎坷万千，荆棘无数；十四年春去秋来，梦里还乡，坚定前行。""跨山越岭的足印，漂泊过海的行迹"，"那是倾倒世界的坚定"，整散结合，同义相对，音韵铿锵悦耳，热情褒奖唐僧意志坚定，执着前行的精神之光。

2. 有志者，事竟成——唐僧

春去秋来，时光冉冉，他，不曾停步；险山恶水，险象环生，他，不曾回头。他是一介凡人，但他也是一位圣僧。五千零四十八卷真经，向世人宣

88

告着：有志者，事竟成！（陈咏欣）

3. 斗战胜佛　分清轻重——孙悟空

在他心里，师父为重，自己为轻；取经最重，安乐最轻。五百年等待，十四年磨难，终于，修成正果，舍身成佛，这位神佛令天下动容。（赖浚希）

4. 艰苦的挑担人——猪八戒

他没有悟空的勇猛好战，没有沙僧的踏实稳重，但却有一种艰苦朴素的精神！取经路上，他为大家披荆斩棘开路；历经数十载，度过数暑寒，他一直做着挑担的工作。吃苦耐劳，修成正果：南无净坛使者。他的形象，一直印在广大人民的心目中！（于宣芊）

5. 忠心可鉴——沙僧

一个将士，最可贵的不是本领，是忠心，是对小伙伴的关心与呵护。沙僧就是一个这样的人。任劳任怨，默不作声，默默贡献。也许他是最渺小的，但他也许是最可贵的。他往往被人们看作最无用的，但是如果没有他，取经队伍也许就不会顺利获得圆满。

6. 普度众生——观音

他，是取经团的"救火队员"，"失火"时，他总能及时相救；他，是普通百姓中膜拜的"女神"，慈悲为怀，普度众生。无论何时，他都给我们留下一抹真善美的倩影。（林晓茵）

7.《西游记》里最出色的妖怪——白骨精

你，用一颗机智的大脑，坚持不懈的信念和顽强不屈的精神，为唐僧在需要的八十一难中添了一难，使他更好修成正果。你虽然最后化成一堆白骨，但你作为《西游记》里最出名的妖怪，你坚持不懈，顽强不屈的精神必将与世长存！（白佳宁）

86 版《西游记》的电视连续剧中，挑担的是沙僧。原著中"挑担有功"的是八戒，"登山牵马有功"的是沙僧。

小贴士

二、写邀请函

学习任务

学习敬称、谦称和邀请函的写法，给重组的送经团成员写一则邀请函。

1. 从"礼"入手，学习《西游记》中的敬称、谦称。

> 繁体字的"礼"字，示人如弯曲的谷物。只有结满谷物的谷穗才会弯下头，礼之精要在于曲。己弯腰则人高，对他人即为有礼。
>
> 因此敬人即为礼。礼是人际关系的正常规范，如礼仪、礼制、礼法。

小贴士

师生共学

古代敬称中一般包含"令"、"贤"、"惠"、"垂"、"赐"、"请"、"高"、"华"、"奉"等字；谦称中一般包含"家"、"舍"、"老"、"愚"、"拙"、"敝"、"鄙"、"小"等字。敬、谦称是构成文雅谈吐的重要组成部分，是展示谈话人风度与魅力必不可少的基本要素之一。

《西游记》中不单唐僧谦恭有礼，上至国王，下至百姓，甚至妖怪，皆语言恭谨。这里先来看看魏征给崔判官和熊罴怪给金池长老的信中用到的敬称、谦称。

第十回《二将军宫门镇鬼　唐太宗地府还魂》魏征给崔判官的信：

"辱爱弟魏征，顿首书拜大都案契兄崔老先生台下：忆昔交游，音容如在。倏尔数载，不闻清教。常只是遇节令设蔬品奉祭，未卜享否？又承不弃，梦中临示，始知我兄长大人高迁。奈何阴阳两隔，天各一方，不能面觌。今因我太宗文皇帝倏然而故，料是对案三曹，必然得与兄长相会。万祈俯念生日交情，方便一二，放我陛下回阳，殊为爱也。容再修谢。不尽。"[1]

第十七回《孙行者大闹黑风山　观世音收伏熊罴怪》熊罴怪给金池长老

---

[1]　吴承恩.西游记.北京：人民文学出版社，2012：122.

的信：

"侍生熊罴顿首拜，启上大阐金池老上人丹房：屡承佳惠，感激渊深。夜观回禄之难，有失救护，谅仙机必无他害。生偶得佛衣一件，欲作雅会，谨具花酌，奉扳清赏。至期，千乞仙驾过临一叙。是荷。先二日具。"①

以上两封信中都有敬称、谦称。信中的"辱"是谦称，意思是使对方受屈辱了，是非常客气的一种说法；"顿首"是"磕头"的意思，表示对他人的尊敬，常用于书信的首尾；"台下"、"陛下"、"佳惠"都是敬称，"佳惠"有"美好的恩惠"的意思。需要特别提醒的是："台下"、"陛下"、"殿下"、"阁下"、"膝下"、"麾下"、"足下"都是敬称，而"在下"例外，旧时用作自称的谦称，古时坐席，尊长者在上，所以自称"在下"。

2. 学习邀请函的写法，给重组的送经团成员写邀请函。

师生共学

一般情况下，邀请有正式与非正式之分。非正式的邀请，通常是以口头形式来表现的。相对而言，它显得要随便一些。正式的邀请，既讲究礼仪，又要设法使被邀请者备忘，因此它多采用书面的形式，即礼仪活动邀请函的形式。邀请函属于社会生活使用文书，具有社会公关及礼仪功能。它不仅表示礼貌庄重，也有凭证作用，要写得简明得体，准确文雅。

以下面的邀请函为例，学习邀请函的结构和写法。

邀 请 函

尊敬的净坛使者：

　　您好！

　　现因世上灾难频发，各地百姓苦不堪言，请您重整行装，踏上送经之路，为百姓消灾，为佛教弘扬佛法。应允不胜欢喜。

　　祝

　　身体健康！

新时代取经团

2016 年 11 月 22 日

---

① 吴承恩. 西游记. 北京：人民文学出版社，2012：208.

礼仪活动邀请函通常由标题、称谓、正文、敬语和落款五部分组成。

第一，标题，可以直接书写为"邀请函"三个字，或者是"活动名称＋邀请函"。字号比通常标题要略大一些。

第二，称谓，是对邀请对象的称呼。称谓要顶格，后加冒号。要写明受邀单位名称或对方姓名、职务、职称、学衔。也可以用"同志"、"经理"、"教授"、"先生"、"女士"、"小姐"称呼。通常还要加上"尊敬的"之类定语，如"尊敬的净坛使者"。

第三，正文，是邀请函的主体。开头可向被邀请人简单问候，如"您好！"位置在称谓下一行，空两格。接着写明举办活动的缘由、目的、时间、地点，以及邀请对象所做的工作等，并对被邀请方发出得体、诚挚的邀请，如"现因世上灾难频发，人们苦不堪言，请您重整行装，踏上送经之路，为百姓消灾，为佛教弘扬佛法。应允不胜欢喜。"

第四，敬语，末尾一般要写"敬请光临"、"敬请参加"、"请届时出席"之类的敬语或祝福语，如"祝身体健康！"

第五，落款，右下方署上邀请单位名称或发函者个人名称和发函日期，如"新时代取经团"、"2014 年 11 月 22 日"。邀请单位还应加盖公章，以示庄重。

同伴分享

邀　请　函

尊敬的观世音女士：

　　您好！

　　仰首是春，俯首成秋。旃檀功德佛早已取到真经。近几年来，世界灾难频发。现需组建一个送经团，到世界各地去消灾消难，故此邀您加入送经团。如蒙应允，不胜欢喜。

　　祝

　　一帆风顺！

　　　　　　　　　　　　　　　　　　　　　　　　新时代取经团

　　　　　　　　　　　　　　　　　　　　　　　　2016 年 11 月 20 日

三、原著续写

进行本环节，一是希望同学们能关注现世，关注民生疾苦，把有字经书转化成生活中的无字经书：心怀慈悲，携手慈善，对身边需要帮助的人伸出援手。二是希望同学们能发挥想象，以重组的送经团为文中的主要人物，把取得的真经送达需要帮助和救赎的地域（受海啸、地震、战乱、埃博拉病毒等困扰的地区）和人群，再次完成新的使命。三是希望同学们能关注细节，通过比较阅读《西游记》原著第四十回《婴儿戏化禅心乱　猿马刀归木母空》和少儿版《大战红孩儿》，学习原著中的精彩描写，运用各种描写手法刻画人物。

> 续写，是指从原文出发，遵循着原文的思路，对原文作延伸写作。续写前，做到熟读原文，准确把握人物性格，透彻理解全文旨意。
>
> 小贴士

（一）比读

学习任务

阅读老师改编后的《大战红孩儿》，请在合适的地方添加来自原著第四十回《婴儿戏化禅心乱　猿马刀归木母空》的动作、语言、神态描写各一则。

基础阅读

大战红孩儿

这天，师徒四人来到一座大山前。这山里的枯松间火云洞里，住着一个叫红孩儿的妖怪。他听说吃唐僧肉可长生不老，就变成一个顽童，赤条条用麻绳捆住手脚，吊在树梢，高喊救命，引唐僧注意。

唐僧让八戒救下红孩儿，让他骑马。红孩儿说不能骑，唐僧让孙悟空背他。孙悟空碍于师父的命令，答应了。

红孩儿用重身法压悟空，悟空一气之下，把妖精化身摔在石头上。红孩儿使妖术，弄来一阵旋风，把唐僧摄入火云洞去了。

悟空向土地神问红孩儿的来历，便要沙和尚看马，自己带八戒来救师父。红孩儿推出五辆车，念了咒语，顿时五辆车上火光四起。

八戒见火大，先跑了。悟空念着避火诀，闯入火阵，却什么也看不清了。他决定先去找龙王来下雨，先泼灭这大火。

果然，红孩儿又出来应战，刚纵起火来，悟空一声高叫，龙王率众水族往火里喷水，如同翻江倒海一般。

可妖精是三昧真火，不怕水。悟空被红孩儿一口烟喷在脸上，急得眼花缭乱，又急又气，竟三魂出舍，昏了过去。八戒和沙僧救醒了悟空，悟空说腰酸腿痛，驾不起云，不能去找观音菩萨。八戒自告奋勇，去找观音菩萨。

红孩儿一直在暗中监视他们，他知道八戒去请观音，就变成观音，跟八戒去火云洞。八戒刚到门口，就被小妖们抓住，装进如意袋里。

悟空见八戒许久不还，就去火云洞打探，小妖们前来捉他。悟空因身疲力软，不能争斗，就变成花包袱，被小妖们提进洞里。悟空听说红孩儿还让小妖们去请父王牛魔王，想起在花果山曾和牛魔王结为兄弟，就飞身出洞，变成牛魔王，在小妖去的道上打猎。

小妖们果然上当，把悟空接到火云洞。红孩儿要吃唐僧肉，悟空却推说今日吃斋，这引起红孩儿的怀疑。

红孩儿问自己的生日，悟空哪里知道，推说问其母铁扇公主。红孩儿认定这个牛魔王是假的，举枪就打。悟空现了原形说："哪儿有儿子打老子的！"

悟空去找观音菩萨，将所遇之事说了。观音大怒，将手中净瓶扔进大海。不一会儿，一只乌龟将净瓶托出，观音要悟空去拿瓶，不料悟空却拿不动。观音说那是一海之水。观音轻轻托起净瓶，命徒弟木叉向李天王借了三十六把天罡刀，将它们化为千叶莲台，观音纵身上去，驾云离开南海。悟空与木叉紧紧相随。

观音到了火云洞，命土地神将方圆三百里生灵安置在山巅上，等诸事办妥，扳倒净瓶，眼前立刻成为汪洋大海。观音又取出定身禅杖，化作珞珈山仙境。

观音在悟空手心上写了个"迷"字，让他引红孩儿出洞，悟空一棒打破火云洞的门，红孩儿出战。悟空边战边用手晃晃。红孩儿顿时着了迷乱，紧追不舍，来到观音跟前。

红孩儿找不到悟空，挺枪去刺观音，观音化作金光走了。红孩儿也不追赶，坐上莲台，谁知莲台花采全无，竟坐在刀尖上了。

红孩儿忍痛拔刀，菩萨念咒，天罡刀就变成有倒钩的。红孩儿表示愿意受戒行，菩萨收他为善财童子，随即用手一指，天罡刀落地，那童子的身上毫发无伤。

那童子野性未改，还要刺菩萨。菩萨抛出五个箍，一个套在他头上，另外四个套在他的四肢上，然后念咒，疼的那童子满地打滚，可菩萨一停嘴，他仍要耍蛮。

菩萨把杨柳枝蘸一点甘露撒去，说："合！"那童子两手合于胸，再也打不开，只好求饶。观音带着善财童子走了。悟空找到沙和尚，把火云洞之妖精全部打死，救出师父和八戒，一把火将洞烧了，然后继续西行。

学习任务

阅读《婴儿戏化禅心乱　猿马刀归木母空》，概括唐僧、猪八戒、沙僧、红孩儿的性格特征，并以其中一个人物为例，结合具体情节阐述一下他的形象。

婴儿戏化禅心乱　猿马刀归木母空①

却说那孙大圣兄弟三人，按下云头，径至朝内，只见那君臣储后，几班儿拜接谢恩。行者将菩萨降魔收怪的那一节，陈诉与他君臣听了，一个个顶礼不尽。正都在贺喜之间，又听得黄门官来奏："主公，外面又有四个和尚来也。"八戒慌了道："哥哥，莫是妖精弄法，假捏文殊菩萨哄了我等，却又变作和尚，来与我们斗智哩？"行者道："岂有此理！"即命宣进来看。

众文武传令，着他进来。行者看时，原来是那宝林寺僧人，捧着那冲天冠、碧玉带、赭黄袍、无忧履进得来也。行者大喜道："来得好！来得好！"且教道人过来，摘下包巾，戴上冲天冠；脱了布衣，穿上赭黄袍；解了绦子，系上碧玉带；褪了僧鞋，登上无忧履。教太子拿出白玉圭来，与他执在手里，早请上殿称孤。正是自古道："朝廷不可一日无君。"那皇帝那里肯坐，哭啼啼跪在阶心道："我已死三年，今蒙师父救我回生，怎么又敢妄自称尊？

---

① 吴承恩．西游记．北京：人民文学出版社，2012：482～493.

请那一位师父为君，我情愿领妻子城外为民足矣。"那三藏那里肯受，一心只是要拜佛求经。又请行者，行者笑道："不瞒列位说，老孙若肯做皇帝，天下万国九州皇帝，都做遍了。只是我们做惯了和尚，是这般懒散。若做了皇帝，就要留头长发，黄昏不睡，五鼓不眠，听有边报，心神不安；见有灾荒，忧愁无奈。我们怎么弄得惯？你还做你的皇帝，我还做我的和尚，修功行去也。"那国王苦让不过，只得上了宝殿，南面称孤，大赦天下，封赠了宝林寺僧人回去。却才开东阁，筵宴唐僧，一壁厢传旨宣召丹青，写下唐师徒四位喜容，供养在金銮殿上。

那师徒们安了邦国，不肯久停，欲辞王驾投西。那皇帝与三宫妃后、太子诸臣，将镇国的宝贝，金银缎帛，献与师父酬恩。那三藏分毫不受，只是倒换关文，催悟空等背马早行。那国王甚不过意，摆整朝銮驾请唐僧上坐，着两班文武引导，他与三宫妃后并太子一家儿，捧毂推轮，送出城廓，却才下龙辇，与众相别。国王道："师父啊，到西天经回之日，是必还到寡人界内一顾。"三藏道："弟子领命。"那皇帝阁泪汪汪，遂与众臣回去了。

那唐僧一行四僧，上了羊肠大路，一心里专拜灵山。正值秋尽冬初时节，但见：

霜凋红叶林林瘦，雨熟黄粱处处盈。

日暖岭梅开晓色，风摇山竹动寒声。

师徒们离了乌鸡国，夜住晓行，将半月有余，忽又见一座高山，真个是摩天碍日。三藏马上心惊，急兜缰忙呼行者。行者道："师父有何吩咐？"三藏道："你看前面又有大山峻岭，须要仔细堤防，恐一时又有邪物来侵我也。"行者笑道："只管走路，莫再多心，老孙自有防护。"那长老只得宽怀，加鞭策马，奔至山岩，果然也十分险峻。但见得：

高不高，顶上接青霄；深不深，涧中如地府。山前常见骨都都白云，挖腾腾黑雾。红梅翠竹，绿柏青松。山后有千万丈挟魂灵台，台后有古古怪怪藏魔洞，洞中有叮叮当当滴水泉，泉下更有弯弯曲曲流水涧。又见那跳天搠地献果猿，丫丫叉叉带角鹿，呢呢痴痴看人獐。至晚巴山寻穴虎，待晓翻波出水龙。登得洞门唿喇的响，惊得飞禽扑鲁的起，看那林中走兽鞠律律的行。见此一伙禽和兽，吓得人心挖磴磴惊。堂倒洞堂堂倒洞，洞堂当倒洞当仙。青石染成千块玉，碧纱笼罩万堆烟。

师徒们正当悚惧，又只见那山凹里有一朵红云，直冒到九霄空内，结聚了一团火气。行者大惊，走近前，把唐僧掇着脚，推下马来，叫："兄弟们，不要走了，妖怪来矣。"慌得个八戒急掣钉钯，沙僧忙轮宝杖，把唐僧围护在当中。

话分两头。却说红光里，真是个妖精。他数年前，闻得人讲："东土唐僧往西天取经，乃是金蝉长老转生，十世修行的好人。有人吃他一块肉，延生长寿，与天地同休。"他朝朝在山间等候，不期今日到了。他在那半空里，正然观看，只见三个徒弟，把唐僧围护在马上，各各准备。这精灵夸赞不尽道："好和尚！我才看着一个白面胖和尚骑了马，真是那唐朝圣僧，却怎么被三个丑和尚护持住了！一个个伸拳敛袖，各执兵器，似乎要与人打的一般。——噫！不知是那个有眼力的，想应认得我了。似此模样，莫想得那唐僧的肉吃。"沉吟半晌，以心问心的自家商量道："若要倚势而擒，莫能得近；或者以善迷他，却到得手。但哄得他心迷惑，待我在善内生机，断然拿了。且下去戏他一戏。"

好妖怪，即散红光，按云头落下，去那山坡里，摇身一变，变作七岁顽童，赤条条的，身上无衣，将麻绳捆了手足，高吊在那松树梢头，口口声声，只叫"救人！救人！"

却说那孙大圣忽抬头再看处，只见那红云散尽，火气全无，便叫："师父，请上马走路。"唐僧道："你说妖怪来了，怎么又敢走路？"行者道："我才然间，见一朵红云从地而起，到空中结做一团火气，断然是妖精。这一会红云散了，想是个过路的妖精，不敢伤人，我们去耶！"八戒笑道："师兄说话最巧，妖精又有个甚么过路的？"行者道："你那里知道，若是那山那洞的魔王设宴，邀请那诸山各洞之精赴会，却就有东南西北四路的精灵都来赴会，故此他只有心赴会，无意伤人。此乃过路之妖精也。"

三藏闻言，也似信不信的，只得攀鞍在马，顺路奔山前进。正行时，只听得叫声"救人！"长老大惊道："徒弟呀，这半山中，是那里甚么人叫？"行者上前道："师父只管走路，莫缠甚么人轿骡轿，明轿睡轿。这所在，就有轿，也没个人抬你。"唐僧道："不是扛抬之轿，乃是叫唤之叫。"行者笑道："我晓得，莫管闲事，且走路。"

三藏依言，策马又进，行不上一里之遥，又听得叫声"救人！"长老道："徒弟，这个叫声，不是鬼魅妖邪；若是鬼魅妖邪，但有出声，无有回声。

你听他叫一声，又叫一声，想必是个有难之人，我们可去救他一救。"行者道："师父，今日且把这慈悲心略收起收起，待过了此山，再发慈悲罢。这去处凶多吉少，你知道那倚草附木之说，是物可以成精。诸般还可，只有一般蟒蛇，但修得年远日深，成了精魅，善能知人小名儿。他若在草窠里，或山凹中，叫人一声，人不答应还可；若答应一声，他就把人元神绰去，当夜跟来，断然伤人性命。且走！且走！古人云，脱得去，谢神明，切不可听他。"长老只得依他，又加鞭催马而去，行者心中暗想："这泼怪不知在那里，只管叫阿叫的。等我老孙送他一个卯酉星法，教他两不见面。"

好大圣，叫沙和尚前来："拢着马，慢慢走着，让老孙解解手。"你看他让唐僧先行几步，却念个咒语，使个移山缩地之法，把金箍棒往后一指，他师徒过此峰头，往前走了，却把那怪物撇下。他再拽开步，赶上唐僧，一路奔山。只见那三藏又听得那山背后叫声"救人！"长老道："徒弟呀，那有难的人，大没缘法，不曾得遇着我们。我们走过他了，你听他在山后叫哩。"八戒道："在便还在山前，只是如今风转了也。"行者道："管他甚么转风不转风，且走路。"因此，遂都无言语，恨不得一步跨过此山，不题话下。

却说那妖精在山坡里，连叫了三四声，更无人到，他心中思量道："我等唐僧在此，望见他离不上三里，却怎么这半晌还不到？想是抄下路去了。"他抖一抖身躯，脱了绳索，又纵红光，上空再看。不觉孙大圣仰面回观，识得是妖怪，又把唐僧撮着脚推下马来道："兄弟们，仔细！仔细！那妖精又来也！"慌得那八戒、沙僧各持兵刀，将唐僧又围护在中间。那精灵见了，在半空中称羡不已道："好和尚！我才见那白面和尚坐在马上，却怎么又被他三人藏了？这一去见面方知。先把那有眼力的弄倒了，方才捉得唐僧。不然啊，徒费心机难获物，枉劳情兴总成空。"却又按下云头，恰似前番变化，高吊在松树山头等候，这番却不上半里之地。

却说那孙大圣抬头再看，只见那红云又散，复请师父上马前行。三藏道："你说妖精又来，如何又请走路？"行者道："这还是个过路的妖精，不敢惹我们。"长老又怀怒道："这个泼猴，十分弄我！正当有妖魔处，却说无事；似这般清平之所，却又恐吓我，不时的嚷道有甚妖精。虚多实少，不管轻重，将我撮着脚，摔下马来，如今却解说甚么过路的妖精。假若跌伤了我，却也过意不去！这等，这等！……"行者道："师父莫怪，若是跌伤了你的手足，却还好医治；若是被妖精捞了去，却何处跟寻？"三藏大怒，狠狠的，要念紧箍儿咒，却是沙僧苦劝，只得上马又行。

还未曾坐得稳，只听又叫"师父救人啊！"长老抬头看时，原来是个小孩童，赤条条的，吊在那树上，兜住缰，便骂行者道："这泼猴多大怠懒！全无有一些儿善良之意，心心只是要撒泼行凶哩！我那般说叫唤的是个人声，他就千言万语只嚷是妖怪！你看那树上吊的不是个人么？"大圣见师父怪下来了，却又觌面看见模样，一则做不得手脚，二来又怕念紧箍儿咒，低着头，再也不敢回言，让唐僧到了树下。那长老将鞭梢指着问道："你是那家孩儿？因有甚事，吊在此间？说与我，好救你。"——噫！分明他是个精灵，变化得这等，那师父却是个肉眼凡胎，不能相识。

那妖魔见他下问，越弄虚头，眼中噙泪，叫道："师父呀，山西去有一条枯松涧，涧那边有一庄村，我是那里人家。我祖公公姓红，只因广积金银，家私巨万，混名唤做红百万。年老归世已久，家产遗与我父。近来人事奢侈，家私渐废，改名唤做红十万，专一结交四路豪杰，将金银借放，希图利息。怎知那无籍之人，设骗了去啊，本利无归。我父发了洪誓，分文不借。那借金银人，身贫无计，结成凶党，明火执杖，白日杀上我门，将我财帛尽情劫掳，把我父亲杀了；见我母亲有些颜色，拐将去做甚么压寨夫人。那时节，我母亲舍不得我，把我抱在怀里，哭哀哀，战兢兢，跟随贼寇；不期到此山中，又要杀我，多亏我母亲哀告，免教我刀下身亡，却将绳子吊我在树上，只教冻饿而死，那些贼将我母亲不知掠往那里去了。我在此已吊三日三夜，更没一个人来行走。不知那世里修积，今生得遇老师父。若肯舍大慈悲，救我一命回家，就典身卖命，也酬谢师恩，致使黄沙盖面，更不敢忘也。"

三藏闻言，认了真实，就教八戒解放绳索，救他下来。那呆子也不识人，便要上前动手，行者在旁，忍不住喝了一声道："那泼物！有认得你的在这里哩！莫要只管架空捣鬼，说谎哄人！你既家私被劫，父被贼伤，母被人掳，救你去交与谁人？你将何物与我作谢？这谎脱节了耶！"那怪闻言，心中害怕，就知大圣是个能人，暗将他放在心上，却又战战兢兢，滴泪而言曰："师父，虽然我父母空亡，家财尽绝，还有些田产未动，亲戚皆存。"行者道："你有甚么亲戚？"妖怪道："我外公家在山南，姑娘住居岭北。涧头李四，是我姨夫；林内红三，是我族伯。还有堂叔堂兄都住在本庄左右。老师父若肯救我，到了庄上，见了诸亲，将老师父拯救之恩，一一对众言说，典卖些田产，重重酬谢也。"

八戒听说，扯住行者道："哥哥，这等一个小孩子家，你只管盘诘他怎的！他说得是，强盗只打劫他些浮财，莫成连房屋田产也劫得去？若与他亲戚们说了，我们纵有广大食肠，也吃不了他十亩田价。救他下来罢。"呆子只是想着吃食，那里管甚么好歹，使戒刀挑断绳索，放下怪来。那怪对唐僧马下，泪汪汪只情磕头。长老心慈，便叫："孩儿，你上马来，我带你去。"那怪道："师父啊，我手脚都吊麻了，腰胯疼痛，一则是乡下人家，不惯骑马。"唐僧叫八戒驮着，那妖怪抹了一眼道："师父，我的皮肤都冻熟了，不敢要这位师父驮。他的嘴长耳大，脑后鬃硬，搠得我慌。"唐僧道："教沙和尚驮着。"那怪也抹了一眼道："师父，那些贼来打劫我家时，一个个都搽了花脸，带假胡子，拿刀弄杖的。我被他唬怕了，见这位晦气脸的师父，一发没了魂了，也不敢要他驮。"唐僧教孙行者驮着，行者呵呵笑道："我驮！我驮！"

那怪物暗自欢喜，顺顺当当的要行者驮他。行者把他扯在路旁边，试了一试，只好有三斤十来两重。行者笑道："你这个泼怪物，今日该死了，怎么在老孙面前捣鬼！我认得你是个那话儿呵。"妖怪道："师父，我是好人家儿女，不幸遭此大难，我怎么是个甚么那话儿？"行者道："你既是好人家儿女，怎么这等骨头轻？"妖怪道："我骨格儿小。"行者道："你今年几岁了？"那怪道："我七岁了。"行者笑道："一岁长一斤，也该七斤，你怎么不满四斤重么？"那怪道："我小时失乳。"行者说："也罢，我驮着你，若要尿尿把把，须和我说。"三藏才与八戒、沙僧前走，行者背着孩儿随后，一行径投西去。有诗为证，诗曰：

道德高隆魔障高，禅机本静静生妖。

心君正直行中道，木母痴顽躧（xī）外趫（qiáo）。

意马不言怀爱欲，黄婆无语自忧焦。

客邪得志空欢喜，毕竟还从正处消。

孙大圣驮着妖魔，心中埋怨唐僧，不知艰苦，"行此险峻山场，空身也难走，却教老孙驮人。这厮莫说他是妖怪，就是好人，他没了父母，不知将他驮与何人，倒不如掼杀他罢。"那怪物却早知觉了，便就使个神通，往四下里吸了四口气，吹在行者背上，便觉重有千斤。行者笑道："我儿啊，你弄重身法压我老爷哩！"那怪闻言，恐怕大圣伤他，却就解尸，出了元神，跳将起去，伫立在九霄空里，这行者背上越重了。猴王发怒，抓过他来，往那路旁边赖石头上滑辣的一掼，将尸骸掼得像个肉饼一般，还恐他又无礼，索性将四肢扯下，丢在路两边，俱粉碎了。

那物在空中，明明看着，忍不住心头火起道："这猴和尚，十分惫懒！就作我是个妖魔，要害你师父，却还不曾见怎么下手哩，你怎么就把我这等伤损！早是我有算计，出神走了，不然，是无故伤生也。若不趁此时拿了唐僧，再让一番，越教他停留长智。"好怪物，就在半空里弄了一阵旋风，呼的一声响亮，走石扬沙，诚然凶狠。好风：

淘淘怒卷水云腥，黑气腾腾闭日明。
岭树连根通拔尽，野梅带干悉皆平。
黄沙迷目人难走，怪石伤残路怎平。
滚滚团团平地暗，遍山禽兽发哮声。

刮得那三藏马上难存，八戒不敢仰视，沙僧低头掩面。孙大圣情知是怪物弄风，急纵步来赶时，那怪已骋风头，将唐僧摄去了，无踪无影，不知摄向何方，无处跟寻。

一时间，风声暂息，日色光明。行者上前观看，只见白龙马战兢兢发喊声嘶，行李担丢在路下，八戒伏于崖下呻吟，沙僧蹲在坡前叫唤。行者喊："八戒！"那呆子听见是行者的声音，却抬头看时，狂风已静。爬起来，扯住行者道："哥哥，好大风啊！"沙僧却也上前道："哥哥，这是一阵旋风。"又问："师父在那里？"八戒道："风来得紧，我们都藏头遮眼，各自躲风，师父也伏在马上的。"行者道："如今却往那里去了？"沙僧道："是个灯草做的，想被一风卷去也。"

行者道："兄弟们，我等自此就该散了！"八戒道："正是，趁早散了，各寻头路，多少是好。那西天路无穷无尽，几时能到得！"沙僧闻言，打了一个失惊，浑身麻木道："师兄，你都说的是那里话。我等因为前生有罪，感蒙观世音菩萨劝化，与我们摩顶受戒，改换法名，皈依佛果，情愿保护唐僧上西方拜佛求经，将功折罪。今日到此，一旦俱休，说出这等各寻头路的话来，可不违了菩萨的善果，坏了自己的德行，惹人耻笑，说我们有始无终也！"行者道："兄弟，你说的也是。奈何师父不听人说，我老孙火眼金睛，认得好歹，才然这风，是那树上吊的孩儿弄的。我认得他是个妖精，你们不识，那师父也不识，认作是好人家儿女，教我驮着他走。是老孙算计要摆布他，他就弄个重身法压我。是我把他掼得粉碎，他想是又使解尸之法，弄阵旋风，把我师父摄去也。因此上怪他每每不听我说。故我意懒心灰，说各人散了。既是贤弟有此诚意，教老孙进退两难。八戒，你端的要怎的处？"八戒道："我才自失口乱说了几句，其实也不该散。哥哥，没及奈何，还信沙弟之言，去寻那妖怪救师父去。"行者却回嗔作喜道："兄弟们，还要来结同心，收拾了行李马匹，上山找寻怪物，搭救师父去。"

三个人附葛扳藤，寻坡转涧，行经有五七十里，却也没个音信，那山上飞禽走兽全无，老柏乔松常见。孙大圣着实心焦，将身一纵，跳上那巅险峰头，喝一声叫"变！"变作三头六臂，似那大闹天宫的本象，将金箍棒，晃一晃，变作三根金箍棒，劈哩扑辣的，往东打一路，往西打一路，两边不住的乱打。八戒见了道："沙和尚，不好了，师兄是寻不着师父，恼出气心风来了。"

那行者打了一会，打出一伙穷神来，都披一片，挂一片，裈无裆，裤无口的，跪在山前，叫："大圣，山神土地来见。"行者道："怎么就有许多山神土地？"众神叩头道："上告大圣，此山唤做六百里钻头号山。我等是十里一山神，十里一土地，共该三十名山神，三十名土地。昨日已此闻大圣来了，只因一时会不齐，故此接迟，致令大圣发怒，万望恕罪。"行者道："我且饶你罪名。我问你：这山上有多少妖精？"众神道："爷爷呀，只有得一个妖精，把我们头也摩光了，弄得我们少香没纸，血食全无，一个个衣不充身，食不充口，还吃得有多少妖精哩！"行者道："这妖精在山前住，是山后住？"众神道："他也不在山前山后。这山中有一条涧，叫做枯松涧，涧边有一座洞，叫做火云洞，那洞里有一个魔王，神通广大，常常的把我们山神土地拿了去，烧火顶门，黑夜与他提铃喝号。小妖儿又讨甚么常例钱。"行者道："汝等乃是阴鬼之仙，有何钱钞？"众神道："正是没钱与他，只得捉几个山獐野鹿，早晚间打点群精；若是没物相送，就要来拆庙宇，剥衣裳，搅得我等不得安生！万望大圣与我等剿除此怪，拯救山上生灵。"行者道："你等既受他节制，常在他洞下，可知他是那里妖精，叫做甚么名字？"众神道："说起他来，或者大圣也知道。他是牛魔王的儿子，罗刹女养的。他曾在火焰山修行了三百年，炼成三昧真火，却也神通广大。牛魔王使他来镇守号山，乳名叫做红孩儿，号叫做圣婴大王。"

行者闻言满心欢喜，喝退了土地山神，却现了本象，跳下峰头，对八戒沙僧道："兄弟们放心，再不须思念，师父决不伤生，妖精与老孙有亲。"八戒笑道："哥哥，莫要说谎。你在东胜神洲，他这里是西牛贺洲，路程遥远，隔着万水千山，海洋也有两道，怎的与你有亲？"行者道："刚才这伙人都是本境土地山神。我问他妖怪的原因，他道是牛魔王的儿子，罗刹女养的，名字唤做红孩儿，号圣婴大王。想我老孙五百年前大闹天宫时，遍游天下名山，寻访大地豪杰，那牛魔王曾与老孙结七弟兄。一般五六个魔王，止有老孙生得小巧，故此把牛魔王称为大哥。这妖精是牛魔王的儿子，我与他父亲相识，若论将起来，还是他老叔哩，他怎敢害我师父？我们趁早去来。"沙和尚笑道："哥啊，常言道：三年不上门，当亲也不亲哩。你与他相别五六百年，又不曾往还杯酒，又没有个节礼相邀，他那里与你认甚么亲耶？"行者道："你怎么这等量人！常言道，一叶浮萍归大海，为人何处不相逢！纵然他不认亲，好道也不伤我师父。不望他相留酒席，必定也还我个囫囵唐僧。"三兄弟各办虔心，牵着白马，马上驮着行李，找大路一直前进。

无分昼夜，行了百十里远近，忽见一松林，林中有一条曲涧，涧下有碧澄澄的活水飞流，那涧梢头有一座石板桥，通着那厢洞府。行者道："兄弟，你看那壁厢有石崖磷磷，想必是妖精住处了。我等从众商议，那个管看守行李马匹，那个肯跟我过去降妖？"八戒道："哥哥，老猪没甚坐性，我随你去罢。"行者道："好！好！"教沙僧："将马匹行李俱潜在树林深处，小心守护，待我两个上门去寻师父耶。"那沙僧依命，八戒相随，与行者各持兵器前来。正是：未炼婴儿邪火胜，心猿木母共扶持。毕竟不知这一去吉凶何如，且听下回分解。

同伴分享

同学们对上文中唐僧、猪八戒、沙僧、红孩儿的性格特征分析如下：

唐僧：迂腐、心软慈悲、不辨是非、刚愎自用

猪八戒：贪吃懒惰、使乖卖巧

沙僧：执着、忠诚、冷静、善良

红孩儿：贪婪、狡猾、邪恶、行为乖张

在本文中，沙僧主要表现了两个重要的性格特点：一是对取经事业的忠诚。当孙悟空因为心焦而赌气说散伙，猪八戒随声附和的时候，他却"闻言，打了一个失惊，浑身麻木"，并且劝说师兄不应该有这样的想法，否则就会"违了菩萨的善果，坏了自己的德行，惹人耻笑，说我们有始无终"；二是冷

静的性格。当孙悟空听说红孩儿是牛魔王的儿子时，认为自己和牛魔王是结拜兄弟，应该可以借此很容易了结此事。沙僧冷静地分析说："哥啊，常言道：'三年不上门，当亲也不亲'哩。你与他相别五六百年，又不曾往还杯酒，又没有个节礼相邀，他那里与你认甚么亲耶？"事实果然印证了他的话。除此之外，他还是这个充满矛盾的取经四人团体中的平衡力量，当唐僧要对孙悟空念紧箍咒的时候，总是他在一旁苦劝，在矛盾中，他起到了调和与平衡的作用。

（二）续写

学习任务

续写一回《西游记》，围绕重组的送经团到世界各地救苦救难、造福百姓的内容，展开想象，利用各种描写刻画人物，1000字以上。

师生共学

本次写作要求同学们写想象作文，所谓想象作文，就是根据已有的生活经验和知识，借助想象的翅膀，构思出超越生活实际的或者根本不曾出现过的生活图景，并达到某种表达效果的文章。写好想象作文，对于开阔视野、丰富思维、培养和提高同学们的创新能力是大有裨益的。

那么，怎样写好想象作文呢？应遵循以下两点。

第一，想象必须以现实生活为依据。

我们生活在现实生活中，写文章一是要反映现实生活，二是要完善现实生活。写想象作文也如此，下笔之前要想好表达的目的，这个目的就是自己的希望，就是文章的中心。

以下片段是一同学初稿中的内容：

悟空、八戒、沙僧他们三个都出了名。悟空那无敌的开拖拉机的技术，他说他当第二，没人敢当第一。八戒做的菜让人吃了还想吃，他开的戒氏饭馆每天的人数都是那叫一个爆棚。沙僧就不用说了，他是三人里面最火的，一场演唱会的门票被炒到了 2000 元，就算如此，还是有无数的人来到北京五棵松体育馆前来观看。沙僧就是这样成了比马云还有钱的大土豪，现在的他，已经不是以前那个穿得邋里邋遢，被人无视的人了，他现在天天拿着新款手机，身穿高档服装，戴着名牌手表，出门便被粉丝给围住。

唯独唐僧一个人寂寞无比，还是他的徒弟三人发给他养老费。从此唐僧就成了一个坐在深山老林里的和尚。

上文中的想象可以说是为想象而想象，漫无边际，内容可以说是毫无价值。一般来说，想象的内容有两种情况：一是现实生活拼凑结合的，如有同学曾经写过《悟空下岗记》，写孙悟空西天取经后在天宫做了官，不料遇上"优化组合，竞争上岗"。悟空虽本领高强，但心直口快，得罪了领导，被"优化"掉；而好吃懒做、阿谀奉承的猪八戒却成功上岗。作文揭露了当前社会中的一些腐败现象，既让人感觉新奇，又发人深省；二是现实生活的发展和继续。本次想象的内容应该属于这种。应该写送经团成员如何到世界各地救苦救难，怎样利用先进的设备和高超的技术为民众救死扶伤，为群众办实事，反映民众的希望。这样的想象才有生命力和说服力，写出来的文章才能中心突出。

第二，想象要合理，即合乎生活逻辑。

如童话《皇帝的新装》，故事纯属虚构，但现实中确实存在着说假话、互相欺骗、阿谀奉承和不敢说真话的风气。又如《卖火柴的小女孩》，想象小女孩在神志不清时见到了温暖的火炉，喷香的烤鹅，美丽的圣诞树，慈祥的奶奶并和奶奶一起飞走，这就是穷孩子对幸福生活的渴望，自然而合理。

再来看看一个同学写黑风怪跟随送经团救火的片段：

在大家绞尽脑汁的时候，黑风怪嘴角微微一笑，满脸自信地大声叫道："别怕，这种事小事一桩，包在我身上！"话音刚落，只见他挥动着身体，深吸一口气，大张着嘴，使劲一吹，"轰——"一阵狂风像子弹似的冲进火焰之中。大火眨眼工夫就小了许多。

请大家思考：风一吹火会变小吗？这个细节有悖常理，显然不符合生活的真实。他的第二稿修改如下：

"轰——"大火眨眼工夫又大了许多，熊熊的火焰肆无忌惮地张着它的爪牙。黑风怪不知所措，瞪大眼睛，傻傻站着。八戒走过来破口大骂："就会吹牛，弄巧成拙。"黑风怪低着头，一言不发。师父又去劝告八戒："善哉！算了，他也是一片好心啊！"这时，消防队来了，开着消防车，结果压力不足，火势控制起来很慢。黑风怪向他们借了几个水管插在河道上，鼓起腮帮子，借助风的力量加大了水的冲击力，"唰、唰、唰"倾盆大水终于让大火消停了。悟空走过来，拍了拍黑风怪的肩膀，安慰道："师弟，做得好！"八戒也在一旁笑道："算你有能耐！"大火终于被扑灭了。

修改稿中出现的是"借助风的力量加大了水的冲击力"来灭火，想象合理，对人物的描写也从神态、语言、动作等多方面展开。

那么，怎样做到让想象合理呢？

1. 再现。侧重于写景状物或叙事的想象作文，可以搜寻脑海中对相关事物的印象，加以再现。如一同学写送经团到兰州城救灾，通过妇人的对话和景物描写再现洪水肆虐的惨状：

"长老，不瞒你说，我家族世世代代生在兰州，活在兰州，以农业为生，因勤劳耕作也算是丰衣足食。可老天待我兰州城不公啊！前些年那灌溉田地的黄河已经时不时变成悬河，偶有洪灾，也能挺过。近日这蘖河不知发什么疯，几次洪灾接连暴发，淹了所有田地，都快涨到自家门前了，城内粮仓皆空，民不聊生啊！"

······

城内果真是民不聊生，污水横流，倒在街头奄奄一息的人随处可见。远远望去，河边本该绿意盎然的田地早已没了踪影，只余在岸边肆虐翻滚着的浑浊泥水还在酝酿着，不知什么时候再度来袭。

2. 移植。有时候，想象可以进行嫁接、移植，把优美的景色移为一处，或把有趣的现象归为一物，或把美好的品质浓缩在一人之身，即按自己的意愿中的特定形象，结合生活实际，进行移植想象。只有善于把想象与现实生活中的事实联系起来，巧妙地设计人物之间的关系，才能使文章生动有趣。

如一同学写悟空、观音发现云南的珍贵木材红豆杉被人们滥砍滥伐，安排了他们上电视对人们加以劝说的节目：

观音在电视上说道："如果我们继续按照这样的速度去砍伐红豆杉，那么这种植物迟早会有灭绝的一天，现在不知道珍惜，到时候你们迟早会吃亏的。"斗战胜佛补充道："假如没有了树木，地球就失去了重要的氧气来源，谁都知道绿叶的光合作用会产生氧气。假如没有树木，沙尘暴和暴风雨将会给人类带来灾难······"

3. 由现在联想到过去，按现代生活的模式构思故事情节。由现在联想到未来，把假设的内容写成真实的情节。

看看下面一位同学写到的新鲜事物：

不一会儿，牛魔王和铁扇公主到了，铁扇公主取出芭蕉扇，对着火焰山扇了好久也不见效。猪八戒耐不住性子，连忙向高老庄发了个 E-mail，高老庄的高翠兰(现在是气象小姐)收到后，不慌不忙地将一串串"炮弹"飞向火焰山。过了一分钟，火焰山上空便下起了倾盆大雨，大雨下了好久，终于把火焰山的大火浇灭了。

牛魔王见了，像沙和尚一样，摸不着头脑，好奇地问："这是咋回事呀?"孙悟空笑着解释道："这是人工降雨……"

根据自己平时观察所积累的生活经验，根据表达的需要，合情合理的展开想象，把假设的内容写成日常生活中遇到的或者正在发生的故事，不失为想象写作的一种有效途径。

值得注意的是，假设的内容固然是假的，但它在生活中还是有可能出现的。人类在天空翱翔，这在一百多年前还是根本不可能的事儿，但今天谁都可以买张飞机票上天一游。

总之，写想象作文的关键就是要开动脑筋，大胆设想，写出新颖奇妙而又意味深长的故事来。当然，这些都应该是立足于现实生活的想象，都是合乎情理的想象，而绝不是胡思乱想。

同伴分享

水患泛滥归途上　龙王出海送经来

陈可沅

却话五圣历经磨难，上西天取得真经，满载而归。离开西天极乐世界时，燃灯上古佛却剥夺了他们的佛身，说要九九归一，带上东海龙王，回走取经路，帮他修行，至大唐交付任务，才算功德圆满，方能立地成佛。回程路上送经团一行人以凡身赶路，风餐露宿马不停蹄，来时妖魔已清除，去时神佛皆相助，加上各国君主的热情款待，不多时日就已经走了回程的十之七八，眼见就要抵达大唐。

这天万里无云，碧空如洗，一行六人来到了兰州城外，天色不早，刚欲进城找个客栈下榻，便被出城的人流挤得动弹不得，诗曰：

黄河田边泥水覆，兰州关外愁连城，

生计何以持温饱，老少富贫皆难容。

背井离乡谁人愿，颠沛流离何处留，

施主留步勿急走，吾等送经济世难。

唐僧拦住一名年过花甲，满头银丝，拎着包袱，满脸愁容朝城外走去的老妇，问道："施主，兰州人如此急切要出城，可是兰州边黄河又泛滥，淹了良田、屋舍？"那老妇人原本也算镇定，听得唐僧如此一问，不禁老泪纵横，悲声道："长老，不瞒你说，我家族世世代代生在兰州，活在兰州，以农业为生，因勤劳耕作也算是丰衣足食。可老天待我兰州城不公啊！前些年那灌溉田地的黄河已经时不时变成悬河，偶有洪灾，也能挺过。近日这孽河不知发什么疯，几次洪灾接连暴发，淹了所有田地，都快涨到自家门前了，城内粮仓皆空，民不聊生啊！"

唐僧听罢，面露悲悯，手掌立于胸前，道："施主，我等是大唐取经人，以普度众生为任。此乃天灾，如何管得？"悟空闻言，拉着龙王走过来，用成竹在胸的语气朗声道："放心，我们如何治不了这水灾？这位是东海龙王，那波澜壮阔的大海都管得，还怕这小小洪灾？"

那龙王闻言却不乐意了，推开悟空的手道："这事你们甭找我。每片水域都有自己的管辖龙王，我只负责管理东海，那黄河九曲十八弯，绵延几千公里，管辖龙王也想必不是好招呼的，这等人情肯定要重还，欠不得，欠不得。"

唐僧遂不悦，斥道："善哉！这大水让满城人民流离失所，怎是个欠人情就可不管的？"但见那龙王依旧事不关己高高挂起的样子，长老也只得叹息一声，领着徒弟们进城了。

城内果真是民不聊生，污水横流，倒在街头奄奄一息的人随处可见。远远望去，河边本该绿意盎然的田地早已没了踪影，只余在岸边肆虐翻滚着的浑浊泥水还在酝酿着，不知什么时候再度来袭。

唐僧师徒默默地看着这幅凄凉之景，什么都没说，往河边去了。龙王站在原地，听到悟空在河边的叫喊，然后看到一条水龙卷伴着金箍棒与九齿钉耙在水面上打出的水花升起，龙王突然有些愧疚，不知如何是好。半晌几人回来了，悟空走在最前面，脸色很差，显然不善水战的他并未战胜那黄河龙王。八戒骂骂咧咧，沙僧的脸更加晦气了，心情也估计都差不多。唐僧走到龙王面前，出奇的没有再劝他，只是缓缓叹息一声，道了一句"善哉！"与几位徒弟下去帮忙救灾了。

八戒一路骂骂咧咧，朝悟空道："猴哥，那东海龙王也忒过分，只要他出面，这满城百姓就不用遭这罪了，他居然在一旁袖手旁观！"大圣也不是好脾气，停下来想了想，道："如此下去不行，我等就演一出戏，哄他去就是了。"

两人窸窸窣窣一阵，跟上大队，去救灾了。悟空扯下一把毫毛，一吹，变成若干只小船，推进受灾严重的地方；八戒与沙僧身板大，就把百姓从房屋里救出来放上船；连白龙马都变成小龙女，给伤员包扎；最忙的则是唐僧，不断地念着佛经，超度亡灵。东海龙王负责保护唐僧，此时却显得很尴尬，竟发现自己没什么能帮上忙的。

悟空和八戒看准机会，偷偷溜了过去。唐僧闭着双眼，嘴里不断念着佛经，全然不知危险来临。身后的断梁摇摇欲坠，顽强地摇了几下，最终还是轰一声掉了下来。龙王惊得愣了一下，下一秒冲奔过去要把唐僧拉回来，可惜，已经晚了。那重达千斤的断梁直直砸在唐僧后脑勺上，他昏死了过去，血溅了一地。沙僧听到巨响回头张望，刚好看到了那骇人的一幕，大惊失色，直呼到："师父！"急忙跑过来，看到的却是不省人事的唐僧，用手一探，已经没了鼻息。

龙王脑子晕晕的，向后一仰，双手抱头坐在了地上，脑海中不断浮现出一路走来唐僧的面容。他会说善哉，不要伤这个，小心伤到那个，他会很啰唆，没完没了说个不停，但他是个好得不能再好的人，每次悟空化到斋，他都会让给徒弟们先吃，他确实很烦，但是就是一个这么烦这么有爱心的人，因为他的失职，死在了他面前。龙王一直不喜欢跟这伙人在一起，但无奈于佛的旨意，只希望此行快点结束，好回龙宫享福。现在唐僧死了，那么此行也该以失败告终，这无聊的回程路终于结束了。但他发现自己一点都不开心，看着满目疮痍的兰州城，有许多与唐僧一样死去的人，龙王发现自己第一次有了怜悯之心，每个人都是活生生的，怎么这么容易就死了。

他什么都没说，起身往黄河的方向飞去，他想赎罪，他不想再看到任何伤亡了。龙王在河面轻轻一搅，随即形成一个不大不小的旋涡，将一枚紫金海螺扔了下去。片刻，黄河龙王浮出水面，一看是东海龙王，笑着捻须道："东海兄别来无恙，无事不登三宝殿，什么风把兄弟吹来的呀？"东海龙王接道："黄河兄，我奉佛祖命护送玄奘一行人回长安，你这大河怎么如此泛滥，有伤天和不说，兰州淹了，你让我如何带着凡身的玄奘回长安？"黄河龙王只是笑："这大水干你我何事，与其花大精力治理，不如来我龙宫做个客，享享福，不是更妙？"龙王摇头："休再提。这河得治。"黄河龙王皱眉道："东海兄，你执意如此，也得付出点代价啊。"龙王哼了一声："我刚投河的千年紫冰晶螺壳你收起来了吧，少废话，治不治？"黄河龙王尴尬道："原来是千年的，既然东海兄开口，我治便是。"

半日后，水退了，龙王低着头慢吞吞地回到兰州城，想向悟空、八戒和沙僧辞行，他没有脸去见已经与他阴阳相隔的唐僧。正想着要如何面对悟空他们，忽然听到耳边传来一声戏弄声："好徒儿，还吾师命来……"龙王猛地抬起头，看到的却是悟空笑嘻嘻的欠脸，唐僧站在他旁边，好好的一个人，嘴里还念着佛经，什么事都没有。龙王惊呆了，带着还没转过来的悲痛心情与突如其来的喜悦，脱口道："这……你不是死了吗？"

唐僧一脸怒容："让你保护我，你却突然不见了，现在刚刚回来，又要咒我死，你想回去就直说，我绝不留你。"

龙王正在惊喜交加疑惑之际，八戒开口了："我和猴哥干的，谁叫你不帮忙，只好哄你去啦。"龙王刚想发怒，又想想之前自己所为，似乎悟空和八戒也是迫于无奈，也只得叹了口气，苦笑道："我刚去请黄河龙王收了这水灾，之前抱歉了。"

唐僧点点头："我刚听他们说了，他俩用障眼法骗你为师死了，你就一脸悲愤去找黄河龙王了。龙王，人要怀着一颗善良的心，不要失去了才去珍惜。老吾老以及人之老，幼吾幼以及人之幼，众生平等，你要谨记。"龙王低下头："弟子受教了，众生平等，心怀慈悲。"

第二天，水完全退了，流离失所的人们回到了城里。由于黄河水里夹杂着大量淤泥，被水淹过的田地变成了肥沃的良田。兰州城里的人们可以预见到，失去了黄河的威胁，拥有良田，身处丝绸之路要道的兰州城，一定会越来越繁华富裕。

此时，师徒四人已经离开了兰州，继续踏上去往大唐的路。只不过那时，龙王的桀骜已经不见踪影。一个月后，一行人回到了大唐，交付了任务，恢复了佛身。龙王就此与五圣别过，他已经明白众佛要他与唐僧几人一起救济苍生的原因了，相信在他的管理下，南瞻部洲的东部海岸的人民一定会富裕安定起来。

【补充兰州历史地理背景：明初，黄河承元末之旧，由于财力困难，百废待兴，未能对黄河进行大规模的治理。呈现河道混乱、多支并流、变迁频繁、河患严重的局面。兰州市处在中国版图的几何中心。市区南北，群山环抱，东西黄河穿流而过，枕山带河，依山傍水。位于丝绸之路要道，在天竺往大唐取经路上约十分之七八的位置。】

4 专题评价

一、专题回顾

《西游记》是一部历久弥新，影响深远的名著。用时 27 课时的《西游记》专题学习之旅结束了，相信同学们体会到的不仅是逐梦的艰辛，更多的是收获的喜悦。请同学们在完成以下学习活动的过程中将自己至深的感受归纳一下，把阅读经典的心路历程理一下，总结此次阅读的专题学习收获。

1."其实中国数千年的传统文化浓缩起来就是西游文化的一种精神——拼搏、进取、不屈不挠、永不言败，尤其是乐观向上。"(《六小龄童：苦练七十二变，笑对八十一难》)我们每一位同学，都有责任和义务去弘扬我们的民族文化和传统。请你写一份《西游记》的推荐词(150 字左右)，让更多的人读原著(要写明作品名称、作者，可从历史地位、艺术成就、先进思想、人物描写等方面概述)。

2. 从下列两个问题中任选一题完成。

(1)《大话西游》的主演者周星驰曾坦言自己"没有读完《西游记》原著"。对《西游记》的认识，不少人是从影视片作品或游戏中得来的，而这些以视像媒体为主要载体的改编作品，与《西游记》原著存在巨大的差异。就你看过的电视剧或电影与《西游记》原著相比较，最明显的差异有哪些？

(2)选择一部有关《西游记》的电影认真观看一遍，或选择你感兴趣的《西游记》电视剧看一集，借助网络收集、整理关于《西游记》改编成影视剧的资料，用你独到的眼光去分析、比较改编作品与原著的文化差异，写一篇评论文章。

3. 此次专题学习，你的收获有哪些？

二、专题反思

《西游记》专题学习，是艰难的取经之旅，更是师生共同成长之旅。

　　以下是来自全国各地的北师大附中的老师在听完《西游记》专题阅读示范课后谈的部分感受：

　　• 初一刚入学两个月的学生有这样的表现，我觉得可以用"震撼"两字来形容。

　　• 我们明显感到学生的概括能力在提升。

　　• 在彭老师的课堂上，我看到了一个老师如何一步步引导学生渐入佳境。……虽然每一节课完成的任务并不多，但是真的是踏踏实实地走。接下来的颁奖词、邀请函，都是水到渠成的事情，我这才感受到这个学习的过程也就如同西天取经一样是一个完整的连续的过程。听到同学们读出来的文字，我觉得他们真的是有收获。

　　• 我终于知道初中可以这样领着学生读一本书……听了彭莉琼老师的《西游记》示范课后，我才真真正正亲身体验了一回什么叫专题教学。

　　为期五天十节课的课堂学习交流，不仅是在引导学生自我成长，也是作为教师的我的成长，促使我反思如何引领、指导学生对原著进行深入的阅读，尤其是有一定阅读难度的大部头著作。

　　在教学上，与一般的诗文不同，节选自"名著"的课文相对于原著来说仅仅是冰山一角，这对语文教学提出了一个不可避免的问题——假如对原著缺乏系统阅读和整体把握，学生在理解课文时就难免"只见树木，不见森林"，更谈不上通过小说深刻了解中国古代的文学世界和文化内蕴等。而大多数中学生对大部头的名著似乎不太感兴趣，惟其如此，作为语文教师，有责任、有义务带着学生一起读，读四大名著之一的《西游记》，即基于这样的考虑。

　　一百回，九九八十一难，且二十二回后，虽说有些内容有关联，但前后的情节联系不大，少则一回，多则三回为一个故事，且故事几乎皆有一个规律：遇险，降妖，似乎有些单调，看了五十回后，有时容易把故事混淆了。如何引领着学生读，这就需要老师想法子了。

　　学生阅读前，除了向图书馆借书外，我向班中同学征收不同版本的《西游记》，阅读指导课上亮出十几个版本的《西游记》，让学生初步感知名著的魅力，激发其阅读兴趣。我还把自己大学毕业论文《透露出新的思想文化气息的〈西游记〉》张贴在班级宣传栏中。阅读中，指定学生每日登记个人和 4 人小组的总阅读量，4 人小组合作绘制取经路线图，形成比、学、赶、帮的局面；引导学生带着问题读书，"每日一题"，考谁出的问题较有价值，谁能答出，当然，也可提自己不懂的。有个同学问"《西游记》为什么没见到'她'？观音是男的还是女的？"我建议她带着问题去查阅资料，第二天她把"她"字的来龙去脉及观音的来历、性别的变化等与同学分享。这些措施，都极大地调动了同学们阅读的兴趣。

名著阅读，最怕的是学生有畏难情绪。针对这一点，我首先给学生打气加油：个别地方看不懂不要紧，能看懂多少算多少，且指定必读篇章，其余可采用跳读方式，能者多看。其次，给足台阶。为了帮助学生梳理情节，印发"《西游记》故事梗概"，由学生根据自己的阅读进程补充填写相关的人名、地名等关键信息，教师随机抽查，了解、督促学生的阅读进度。当大部分学生差不多读完指定篇章时，印发《唐僧师徒四人取经路上遇到的妖精》《唐僧师徒四人取经中八十一难》及相关的习题。

名著阅读，对于初中学生来说，最好能以"活动"贯穿整个学习过程，让活动内化为学生的能力。而让学生动起来，并非是求一个热闹而已，而是给学生任务，让学生的能力在各类活动中能踏踏实实得到提升。如布置语言方面的积累摘抄：摘抄《西游记》中的俗语、成语，激发学生的背诵兴趣，培养学生的记忆能力；人物方面的分类笔记摘抄：概括主要事件(情节)、摘抄典型细节。中期的读书交流会时的活动有：基础知识竞赛、课本剧表演、小组上台展示PPT、辩论赛、写颁奖词、写邀请函等。

本次专题学习，我最欣慰的是看到学生思辨能力的提升。欲提升学生的思辨能力，关键在教师为其创造时机。一个好的问题，可以一石激起千层浪，点燃学生思维的火花。"西游人物探究环节"中，我精心设计了3个问题：孙悟空的紧箍该不该取？你如何评价唐僧对待善恶的态度？你如何重组送经团？这些问题都起到了极好的"挑逗"作用，学生的思维被激活了，讨论一次比一次热烈、深入。对紧箍的取舍，学生最终能联系生活(如作业、班规)，联系法律，深入理解"紧箍"的约束作用。重组取经团时，我提议最好能带上一只妖怪，顺便度化他。学生考虑更多的是谁能为我所用，谁对自己的帮助最大，所选多为大鹏、龙王之类的厉害妖怪；我提醒学生换位思考，也许有些妖怪也需要帮助、度化。部分学生对带妖怪一事持否定态度，认为去救苦救难，本属人命关天的事情，万一妖怪作孽，又要救灾，又要度人，顾此失彼；而妖怪太弱，又拖后腿。我欣喜地看到学生有了足够的底气与老师展开平等自信的讨论和交锋，也真正体会到了"教学相长"的真正内涵。学生不再盲从，这是非常可贵的。而这，源于课前给了学生一段较长的自由阅读时间，分组介绍人物时，我努力做到"小步走，缓一点"，给足学生时间，耐心等待，看来，"慢火煨炖"确实有其独特的功效。

《西游记》是一部博大精深的文学巨著，如何让学生对名著的阅读不仅仅停留在故事情节的理解上，是一个值得研究的问题。教育无非是教学生求知和做人，理想的阅读课，应该提高学生审美情趣，教给学生欣赏美的事物、走进美的事物、传播美的事物。组织学生写颁奖词，是其一。研究妖怪小组的同学看到了不一样的白骨精，挖掘到人物身上的机智、执着等精神，学会从辩证的角度评价人物，给了大家一个惊喜。组织学生讨论完重组的送经团成员后，我引导学生把有字经书转化成生活中的无字经书，心怀慈悲，对身边需要帮助的人伸出援手，此为二。同学们把经书、善意、爱心送达曾发生海啸、地震、战乱等灾难的地域，虽然整体的写作水平还不理想，但能看到学生在充分发挥自己的想象，努力做一个有悲悯之心的人。

颁奖词、邀请函、取回真经后的续写这三个属于写作活动，前两者属于微型写作，安排在课堂上完成，先给规范，做出正确的引导，从课堂表现来看，取得很好的效果。

课后，有个别老师提出自己的困惑，认为课堂主要还是优生的活动，担心其他同学的学习收获。其实，这种担心是多余的，我们不能要求学生都能站在同一起跑线上，但星星之火，可以燎原。就让先知先觉者领着后知后觉者，假以时日，大家在不知不觉中会有不同的提升的。再者，学生的收获也不能只看课堂上的表现，毕竟有人善辩，有人讷于言。活动结束后，有学生这样谈自己的收获：

根据老师在读书交流会上的指导，我学会了用对仗、比喻、排比等修辞手法写措辞优美、体现人物精神的颁奖词，掌握了邀请函的基本格式。学会使用心理、动作、神态、语言、外貌等描写手法了去分析人物，刻画性格；学会用辩证的思维思考问题，从正反的角度较全面地分析评价人物；制作PPT和上台汇报锻炼了主持能力，增加了上台经验。为了更好地研究人物性格及把握作品，我查询了不少相关资料，增长了见识。与小组成员一起同心协力做研究，做报告，学会团结合作，而课堂上同学们热烈发表见解，使思维碰撞从而诞生新想法。读《西游记》也让我明白了：人无完人，金无足赤；人外有人，天外有天；团结协作，取长补短；不屈不挠，坚持不懈。（陈可

沅）

《西游记》这部神话小说教给了我太多的东西，而这些都是以后的人生中不可缺少的。它令我善良宽容，嫉恶如仇；令我面对困难时努力想办法去战胜，而不是逃避，我不会在以后的生活道路上一遇挫折便哀声不绝；我从《西游记》中体会到了缺憾也可以产生美，因为人无完人。

希望彭老师可以经常举办类似活动……（真心觉得很有趣、很精彩）读书交流会把我们引向一个舞台，让我们尽情发现自己！同时也在吸取别人的优点来丰富自己！我也认同一个观点："学语文，不能仅靠读语文书！"（麦蔼妍）

"学语文，不能仅靠读课本！"当学生自己有这种觉悟时，谁还能质疑学生学习《西游记》后是否取到了真经呢？

三、学生作品

印度水灾百姓苦　唐僧传经保平安

陈咏欣

送经团成员：唐僧、悟空、八戒、悟净、东海龙王

公元 2008 年 9 月 3 日，印度。

"师父，这儿是……是印度！"在缥缈云端上的悟空大吃一惊。而他身边，是东海龙王、师父唐僧、师弟八戒与悟净。

唐僧此刻也立于云端之上，往下一窥。但见那水汪洋，人失所。水汪洋，泛滥大水谁可阻拦；人失所，百万凡人皆是流离。还是所幸他来后了二三日，若再前些，便见那大水铺天盖地，淹死数十凡人！唐僧不忍再视，合掌道："阿弥陀佛，如此大水！如此大水！印度乃我佛经文起源处，不曾想吾等穿越数千年，看到如此景象！善哉！善哉！"

"东海龙王敖广何在？还不速速收水！"悟空高叫。东海龙王应声道："小龙在此，立即便去！"

"悟空！不可如此行事，随我下去送经消灾，弘扬我佛大法！"这正是游

檀功德佛送经，下方凡界受益。八戒笑道："师兄想偷懒儿，倒是师父要下凡界，完成如来教他送经一事哩！"

"呆子！你幸灾乐祸什么哩？好歹也曾是天蓬元帅，帅天兵无数，今的怎么不亲前去收水消灾？"悟空揪得八戒叫唤，"还不快随师父下凡送经？"

"师兄莫怪，二师兄只是一说，还望师兄不计！"沙僧忙劝。果真那悟空听了收手道，"呆子！今因悟净相劝，且不说你，速与我去也！"说着，法相就展，五色祥云便凝。慌得个唐僧阻拦道："悟空，非也！吾等需化作凡人，下界念经消灾，又传经与他们。"说着摇身下界，但见那旃檀功德佛何在？化身一和尚，又与当初取经装扮无二。

悟空、八戒、悟净，如今各自成佛，更是一般变化，个个化作那光头乖巧小和尚，紧随唐僧。唯有龙王不曾变化，半空里紧跟师徒。

"阿弥陀佛，施主为何如此慌张？"唐僧拉住一神色匆匆路人，开口道。路人焦急便欲甩开唐僧，何奈唐僧为佛，心起之下，又岂是他一介凡人可躲开？无奈之下只好相告："这大水迷漫，我要返家见我妻儿，你可放手让我回家！"

悟空插嘴道，"甚好甚好，我等正可随你前去，倒也为你念经消灾！"唐僧训道："如何说话！"遂又施礼，"施主若是不嫌贫僧和三位顽徒，吾等愿随去雅舍，弘扬佛法。"

那路人急着回家，哪里有时间听唐僧客气、悟空直率？胡乱应着，又急急赶上，向师徒四人介绍家中情况。此人姓陈名均，家中一妻三儿，皆是年轻。说此次大水是50年来最严重的一次，其一位好友不幸因此离世，他因在外不曾受伤，接到消息便急急赶回，只是路上遇到他师徒四人。

"四位长老，这便是我家……薇然！峰沫！峰海！"陈均高叫，接住向他扑来的女子与两个小儿，"峰涟那小子又去哪玩水了？"

八戒对悟空低低道，"师兄，怕是那孩子失踪了罢！"悟空道："你又怎知？"八戒笑道，"这大水泛滥，就是淘气之儿也会受怕。看他家波及不大，但若那小儿峰涟四处乱走，倒也足够卷走也！"话落，果真那薇然笑脸顿失，抽噎道："涟儿他发水前恰去邻家玩耍，不曾想大水至此，已……已三日寻找不见，所幸你回来了！"

悟空闻此，高声叫道："女施主放心，吾等在此，必是保你平安！"那女子这才看到身后四人，叫道："是那四位长老？请入屋！请入屋！"唐僧闻言便喜，"倒也是尊我佛之辈！"

几人入屋，薇然恭敬道，"四位长老，薇然一家平生信佛，今遇长老，不胜欢喜，但还请长老指点一番，如何消除罪孽。"

小孩也扯着唐僧，嚷嚷道，"长老，长老，你可以找到我的哥哥吗？哥哥不见了！"

八戒听了也是泪落，叫喊道："东海龙王敖广何在？随吾前去寻小儿峰涟！"腾身而起，霎时祥光乍现，慌得陈均一家连忙下拜："神仙！"唐僧扶起众人道："无需下拜，我这便与你讲法。"那南无旃檀功德佛讲法，引发了多少玄思奇想！

话说那八戒与东海龙王半空而立，寻找小儿峰涟。他等一乃菩萨，一为龙王，御空而立，慧眼观遍附近一片，不多时便找到那陈峰涟。你说他二人如何认出？一是峰涟乃是峰沫、峰海二人兄弟，长得甚像；二是他们法力无边，何须烦恼！他二人隐身下界，找到被卷到一片林边的峰涟，但见他：面苍白，凄凄惨惨；人瘦弱，惨惨凄凄。东海龙王愁问八戒："南无净坛使者菩萨，吾等如何让他恢复活力，免让薇然又是担忧？"八戒笑取一捧水，吹一口仙气，叫声："净！"又使法力，撬开峰涟之口，灌水服下。不多时，峰涟睁眼，又是活蹦乱跳，连叫："师父救我大恩！"

八戒带起峰涟，祥云一动，带着他们复回陈均之家。薇然、陈均叩头感谢，唐僧将其拉起道："无需谢恩！只是佛家本分，救苦救难也。"陈均夫妇坚持道："现发大水，香炉尽毁无以回报。但求收下这些零碎杂钱，便权当受我夫妇之谢恩！"

悟空见此，弄番手段，云雾遮眼，他则带起师父与八戒、沙僧入云："吾等实乃南无旃檀功德佛、斗战胜佛、净坛使者、金身罗汉、东海龙王，今传经与你等。切记切记，勿以恶小而为之，勿以善小而不为，平日切莫亵渎我佛、不信佛法。每日行善，诵读我经，保你等岁岁平安！"陈均、薇然拜谢。从此依悟空所言，虽遇灾难，总是逃过一劫。

【注：2008年8月30日前后，印度发生水灾，洪水致死47人，过200万人流离失所，为印度50年来最为严重的水灾。】

《西游记》续写

龚廷芳

一、取得佛经倒回　比丘王宴四众

话说那师徒四人取得真经后，各自成佛，却不觉到了离开极乐世界之时。

那大圣最先坐不住，至云端腾空一跃，金箍棒往肩上一扛，眼睛滴溜溜一转，道："师父可是要就近回去？何不再与我三人倒行当年取经路，将那些极恶之徒收于我佛门下，顺便看看当年风景。"八戒也附言："师父，你看俺老猪都应下了，师父哪有不应之理？我绝不会如从前那般搬弄是非，好吃懒做！"唐僧果如八戒话里所说，只好点头应下。

离开之时正是鱼肚刚白。千花皆绽放，千果皆飘香：八戒挑担，悟净牵马，悟空驾云开路——虽不是那担，也不是那小白龙——分明又是当年那取经的队伍。行者笑道："师父还会念那'紧箍咒'哩！"

唐僧作势要念。行者忙道："莫念！莫念！"沙僧笑："猴哥，你头上早没了那紧箍！怕个甚么！"行者回道："师弟当然不知，那紧箍在头上戴久了，心里还有些阴影嘞。"马旁的八戒"嗤"了一声，瞟悟空一眼，道："师兄若没做错事，哪儿来的阴影？"一时间火花四溅。唐僧见隐隐有燎原之势，开口劝道："徒儿们莫吵，和睦为贵。"行者道："这话应我对师父说哩。我要数路上功过，免得八戒不服。一路来我降妖除魔，若是没我还真走不到西天：在万寿山我要不请那个观音救树，恐怕几个现在还被扣那；在白虎山若不是我认出那个白骨精，你几个早被美色迷了眼，葬身妖腹。说起这茬，师父当时把我逐走，可见那妖妇是何等狡猾。"唐僧道："是为师的不对。"行者接上："不怪师父！不怪师父！僧人以慈悲为怀，情有可原！情有可原！"唐僧跳下马，行至悟空跟前，愣是拦住悟空，道："这道歉必是要收的！"悟空连忙扶唐僧上马，急急道："我收我收！"唐僧这才安稳坐好。

行者见唐僧坐好，理理衣服，继续接之前的话："还有那金角、银角，若不是我与它们斗智斗勇，过不去那平顶山哩；那黑水河里的鼍龙，若不是我请来西海龙太子摩昂，没那么快出湖底水府；还有那比丘国一千童子得以保命也是我的功劳咧……噫！前面不正是比丘国么！八戒！八戒！可要去休息休息！"悟空言语未毕，八戒早至城门之外。三藏笑："这呆子，听到休息就跑得比悟空还快，果真是'江山易改，本性难移'。"说罢摇一摇头，跟上前去。

城里众人见到唐僧一行却都无甚反应。八戒疑惑："为何他们如此冷淡？记得我几个是被这里人拥出去的：这家也开宴，那家也设席，请不及的都送大小衣裳、僧鞋僧帽。这才过多久！人心叵测！人心叵测！"悟净道："不知还能否找到地方休息……猴哥你干甚呢？"行者回头叫："俺老孙去寻那国王讨个理嘞！去也！"一瞬间，尘土飞扬。不久就回了，道："那国王竟是还未更换！随我去训训那老国王！"

那老国王听说圣僧四人到来，腿都发软。连忙命臣属布好素宴，备好屋宅。只见：

五香满座，珍奇满桌。窗挂流苏生异彩，桌垂丝绣生锦艳。果盆内，流光溢彩；木椅前，蔬品香馨。凤绕金花散木樨，龙腾西海摆玉兽。钟鼓馔玉，美酒香茶。黄金碗，白玉盘，雕花描边。江南银杏与米饭，宣州蚕栗与蜜枣。蒸酥糖食，脆李杨梅。核桃柿饼味甘甜，松子葡萄香馥郁。无般不备，无件不齐。

唐僧四人本是随侍从去见那国王，谁知看到此等场面。八戒啧啧称奇，叫："这老国王在这里备好了吃食哩！国王人呢？"说罢便四周去寻。那老国王见此，忙出来敬道："朕在此，众位圣僧请快入座罢。"四人依言坐下。行者道："比丘王！比丘王！怎的，这才多久，各位就已忘了当年我师徒四人驱那白鹿之举！"后连叹三声。那国王刷的站起，道："圣僧莫怪！山中方七日，世上几千年①！朕因寿星那三颗枣儿长生不老，可城中儿女早换一轮又一轮，当真是'物是人非'。故只有朕与史书记得圣僧的壮举。莫怪！莫怪！"四人大悟。悟净道："不觉已过了如此久！"八戒饮一口，也道："是啊是啊！功功过过交织如此久，竟不知岁月流逝。"三藏道："八戒你说'功功过过'，不如说说自身功过？"八戒接下："好好好！老猪我一路勤勤恳恳，没功劳也有苦劳，倒也是有些好说的。就如来那说的'挑担有功'就足封我一个净坛使者，更不用说其他了！哈哈哈！"比丘国王悄悄退下。"俺老猪这一路上不知逗笑两位师兄几多次，这也是功劳。还有……唔。"说罢咳了几声。悟净道："八戒怎了？"悟空道："定是噎到了。"八戒这才反应："猴哥眼力高啊！高！"

① 吴承恩：《西游记》第七十七回。

唐僧听完眯眼一笑："八戒你不愿说那'过'就让为师仔细来数数可好？"八戒失笑，道："果真是'魔高一尺，道高一丈'。罢罢罢，徒儿自己来。老猪我罢，不够稳重，就刚才那样贸然四处走动，一路上给哥哥们添麻烦了。"悟空道："哪里话哪里话！大家都是兄弟！应该的！"八戒又继续道："师兄不怪就好。还有……老猪我虽好色，但那禅院的教训至今未忘，请哥哥放心。这么一说，这取经一路不只师父取到那些个经书，我们兄弟各个也都取到了'经'哩。"悟空道："八戒你知道就好。咦？天色怎的如此暗？"悟净道："原来不知。离开那极乐世界时应是鱼肚白，这一天就到比丘国，这脚程已是当年的多少倍了！"八戒未听见，直叫："来人！来人！给我几个找一房间！"旁有侍从，前来道："我主已想到，请随我来。"四人随那侍从到了那处屋宅，嘻嘻笑笑，彻夜未睡。

二、神魔皆有人情　精魅亦通世故

师徒一行人早早便离了比丘国，四人只一心赶路。突的，那马"轰"一下倒地，亏得悟空将唐僧带下马来，唐僧未伤。悟空道："虽是御马，却始终还是不如那小白龙耐扛。师父，走路可否？"唐僧平了平心情，整了整衣服，道："无妨。为师已不是那凡胎肉骨。"四人便继续上路。八戒道："不见那白马，像是少了什么哩。总觉奇怪。"沙僧也道："的确是。"一抬头，又接上一句："哥哥们看前面！"前有一山，真是：

青山绿水声，鸟鸣草木深。

春意延十里，秋节也长生。

八戒见此，道："师父如今也不是'凡胎肉骨'，想必上山也轻而易举罢。猴哥，快快教师父那腾云驾雾之法。"悟空回道："八戒莫急。不如你与沙师弟先上山去，找个好去处休息。"两人应下。那猴子于是教授唐僧御云。猴子道："身轻气净，想自己浮于云端，方能凌风御云。"那唐僧也是个悟性高的，不消一炷香，就能乘在云上。悟空失笑，道："师父真是羡煞我也。想我当年光这乘云也练了一天一夜。罢罢罢，师父随我来。"两人在云上往下看，久久找不到八戒、悟净所在。后还是悟空眼尖，寻到脚印，叫："师父随我来！那俩呆子在那儿呐！"随即飞下，唐僧只勉强跟上。

悟空落地，扬起一阵黄沙；道："你俩呆子可让我好找！"却无人回应。见唐僧也已落下，又道："那二人不知出什么事。师父在此稍等片刻，待俺老孙去寻他一寻。"说罢一翻，一息间便了无踪迹。唐僧呼吸还未平复，听悟空这一说，坐下静静调息。

悟空循足迹前进，一路上风光无限。有那诗里讲的"阳春布德泽，万物生光辉"；又有那和尚说的意境：沾衣欲湿杏花雨，吹面不寒杨柳风。行者渐渐被这乱花迷了眼，被这幻景熏了脑……忽地醒来，叫："呆子俩定是被妖怪捉去了。这妖怪好生狡猾，竟用幻景骗人迷途！"提气加速，口里还不停："可要无事才好，无事才好。"不久行者寻到一山洞。还未入内，便闻其声。只听：

琥珀酒，碧玉觞，金足樽，翡翠盘。食如画，酒如泉，古琴泠泠，钟声叮咚。席间觥筹交错，言语欢畅；台上丝竹不绝，莺歌燕舞。金玉在前，青葱在后。

好一个清平素筵！洞里人声交错，碰杯声绵延；细细再听，隐隐传来人声——不正是八戒、沙僧二人？

那行者还想继续听，洞里却有人觉察。洞里人叫："洞外何人！到此是何居心！"是一女声，那女子约莫是桃李年华①。行者一听，抄起金箍棒，腾空入内："是你大圣爷爷！"话音未落，又叫："八戒、沙僧，哪个给的胆子叫你们与妖怪厮混！还不快出来！"沙僧愣住，好险八戒机灵，道："猴哥莫打那妖！此处原是一仙山，长年累月，山上两棵不老松便沾了仙气，自化成妖。也把山上仙气吸收殆尽，这山便从此平常。这女菩萨便是那松妖，请我与沙僧吃食，并无伤害之心。"悟空听罢才收起金箍棒，打量打量那女子：身着一袭深青襦裙，头绾流云，手挽沙帛。脚上未着鞋履，只一串银铃叮当作响。肤如凝脂，眉如远山，面带桃花，眼眸宛若星辰。好一副倾国倾城之貌！

这边笙歌美筵，那边生死一线。悟空离去后唐僧原地静坐，却"人不惹祸祸自来"遭遇一妖。那妖见僧人身上佛家修为纯净，又看似软弱，便壮大了胆子捉唐僧。一抹深青掠过，直向唐僧袭去。说那时迟那时快，唐僧这时刚觉悟空久不回，正唤云备起。这么一唤云，来云恰好就撞到那妖，直把那妖撞得眼冒金星，脚步不稳。那妖恼羞成怒，叫："你这老僧人果真狡猾！居然趁我行进时叫云打我！看我不抓了你！"唐僧还未反应，妖怪已近前。那妖妖力薄弱，唐僧只挥袖一挡，那妖就晕倒在地。唐僧忙把那妖扶到石头

---

① 桃李年华：指古代女子二十岁。

上，恐伤了那妖。那妖应是龆龀之年①，着一青色小袍，头发因未及束发②而披于脑后。五官还未长开，在那团成一团，甚是可爱。正当唐僧疑惑如此小的孩子为何会攻击人，那妖转醒，嚎啕大哭。唐僧手足无措，只得抹去那妖脸上眼泪，轻声道："怎么了，怎么了，不哭不哭。"那妖一听，哭的更欢了："坏人！我不玩了！呜，我要找姐姐！放开我！"那妖脸上眼睛鼻子全被眼泪糊成一团，看起来愈发可怜。唐僧依言放开那小妖，问："你是哪里人？你姐姐在哪？我，我带你去找啊……"那妖立刻止住哭声，抹抹脸，道："我与姐姐本是这里的不老松，前几年化成了妖。我虽小，但是姐姐可厉害了！你，你欺负我，我要跟姐姐说！哼！"说罢顶着那花猫子脸，往林中走去。唐僧也不疑，跟上前去。

二人到了那山洞，那小松妖噔噔噔跑到女子面前，再跳进女子怀里，蹭蹭脸。悟空并没有如此淡定，只结结巴巴道："师，师，师父。"八戒微微怒道："猴哥，你怎能丢下师父独自前来？若出什么事该怎么是好？"唐僧道："不怪悟空。是为师离了那地方，不怪不怪。"那女子道："圣僧不怪就好。舍弟年幼顽皮，怕是惊到圣僧了，请圣僧谅解。"说罢一躬鞠下，"我们本是山上不老松，因仙气旺盛化成妖，把此地仙气吸收殆尽，至今愧疚。在下略长小弟几岁，大部分仙气均被在下所收，故外貌差的远，妖力也差的远。在下名云轻，小弟名云深，并无伤害之意，让各位见挫了。"又是一鞠躬。唐僧道："令弟聪慧伶俐，孩童之为可不必当真。云轻姑娘一人在此未有人照顾，这……"云轻回道："在下虽不比圣僧，自保却绰绰有余。各位车马劳顿，想必有些乏了，不如到寒舍休息一番再上路罢。"八戒立刻应下。沙僧摇头道："八戒还是色心不改。"八戒道："啧，沙和尚不懂。"说罢跟上松妖二人与前面的唐僧。四人确是乏了，一夜好眠。

三、回程风光无限好　万水千山总是别

离了那松妖所在，循着云深指的路往前走。这地方取经时未曾来过，一走才知松妖那地只不过是一小山。一直走，风光无限。霜华林，空雾峰；前有一碑，碑上刻有：

纯则粹，阳则刚，天行健，两仪遵道恒长，故有长久者不自生方长生之

---

① 龆龀之年：指古代男子七、八岁。龆龀，孩子开始换牙。
② 束发：指古代男子十五岁。

讲；百丈峰，松如浪，地势坤，厚德载物之象，故君子不争炎凉。大道无形，生育天地；大道无情，运行日月；大道无名，长养万物；吾不知其名，强名曰道。夫道者：有清有浊，有动有静；天清地浊，天动地静。降本流末，而生万物。清者浊之源，动者静之基。人能常清静，天地悉皆归①。

沙僧道："我们已行至天山，这应是上古时期纯阳宗入口。纯阳弟子皆为修道之人，天庭里或许还有些是纯阳所出。再往下是流沙河界，我熟。"八戒道："那沙僧你带路罢。"沙僧应下。一路讲着些"真常须应物"②、"道可道，非常道"③的典故。

到了那石头前，悟空一踢沙，道："当年就是在这里与沙师弟大战，那石头上的字都已有些模糊了。沙僧，你可要继续随我们走？"沙僧道："不了。我本在此开始取经路途，这算是回返了。流沙河也算我半个家，现就在这长居下去罢。"学着云深抹抹脸，"这风景也好，是一好地方。接下来的路就靠哥哥们走了。"说罢笑笑。八戒早已热泪盈眶，叫："以后有空就来访访你这河！我说这和尚怎的突然话多呢，原是最后一席话。"唐僧早已泣不成声。

唯独悟空，未下一泪，只拍拍沙僧，道："师弟保重。"这短短一句话，却让沙僧哽咽。流沙河，好风光……

别了沙僧，剩下三人继续东行。一路青山绿水，绿树暖莺，一路无言。像是为了挑起气氛般，悟空忽地就道："此次我们倒是行的快，只行了月余就到了流沙河。"唐僧道："是啊。"又像是注定般，变回静寂了。这么走了很久，久到过了许多村庄、许多城镇，三人却了无知觉。眼见将至高老庄，八戒突然开话："在这山中稍作休息罢。"这也是一桃花源：桃花依溪岸，数百步内无杂树，芳草鲜美。若不是少了些屋舍，倒也是世外仙境。八戒道："我在那高老庄也是待了有些日子，竟不知旁有这仙境。可惜，可惜。"悟空问："呆子！有何可惜？你八戒这不是回来了么。"八戒往桃花深处一指，道："师兄看那儿！"原是一座墓碑，"我取经多年，就为有朝一日功成身就，回这高老庄迎那高翠兰。可恨'人面不知何处去，桃花依旧笑春风'④，桃花仍在，好好的翠兰却已成了墓碑。如何不可惜！如何不可惜……"再回头便已泪水

---

① 葛玄．清静经．

② 吕洞宾．吕祖百字碑．

③ 老子．道德经．

④ 崔护．题都城南庄．

满面。

悟空无言。唐僧道："八戒，你，是留是走？"说罢止住八戒，"若是留，就让为师尽最后一点心，为你建一屋舍；若是不留，就随为师继续东行罢。"八戒泪水还未止住，又涌了新的。八戒闭眼，道："还是留下。俺老猪就住这儿，守那翠兰的魂魄，守着了，抓下来道歉；没守着，就一直守着。屋舍就麻烦师兄了。"悟空道："八戒还是惰性不改唷。"八戒笑笑，道："最后一次。以后就剩自己与翠兰了。"说罢沿着羊肠小路，"噔噔噔"跑到那翠兰墓前，嚎啕大哭。

做好了那屋舍，师徒二人继续上路。辞了八戒，一路上更安静了。由四人一马渐渐只剩二人，未免太过凄凉。走过万水千山，看了风光无限，终还是一个"别"。悟空道："师父是要留在长安的罢。徒弟将您送至那雁塔寺，便也要回那花果山了。"复又想说什么，却被唐僧打断。唐僧道："先不论这个。前面便是五行山，上去看看。"二人便登上那山。

站于峰顶，风猎猎地吹。唐僧道："'蜀道之难，难于上青天'。^① 这山虽不比巴蜀之山，但这一步步行上来，也比那'松妖山'累得多。"悟空道："是因师父那时乘云而上。"唐僧一转身，又道："为师是已会乘云之法。悟空，你与为师相遇于此，自是该分别于此的。就送到这里罢。"说罢翻身跃下，在悟空跟着下来之前乘云飞出。悟空瞪大眼，道："师父这驾云之术愈发纯熟。徒弟就送师父到这了，走前送师父一物。"悟空往头上拔了一簇长毛，仔细绑好，递给唐僧，"毛虽细小，但师父收着，也算有个念想。"唐僧接过，也道："为师无甚可赠，就送这儿的叶罢。"在旁边的树上摘下一片叶，那叶鲜绿饱满，像是特意挑选过的。施于不腐之法，那叶就变得百年不腐，千年不化。唐僧道："也算个纪念罢。为师去矣，保重。"可那叶子上分明留着一粒泪珠。悟空在那峰顶怔愣片刻，也提气离开。

区区千余里，哪禁得悟空脚步几转？不消一炷香便回了那花果山水帘洞。但——一山猴子不知换了几轮，悟空竟找不到一只相熟。飞身跃入水帘洞，桌椅摆设无变，却是像无人来过。问过洞旁的猴子才知，千年间再没有猴子进水帘洞，因一辈一辈都说，进去了那洞，大王就不回来了。悟空知晓后亮明身份，那一山通了灵性的猴子就仿佛有了着落，口呼"大王"，余声三

---

① 李白．蜀道难．

日不绝。

悟空只孤身进了水帘洞，寻了个舒服地方，学着八戒嚎啕大哭，似是要把一路上藏起的泪水全拿出来。直哭到无力，嘴里才喃喃道："此路棠棣开荼蘼，三遍荣华不如你……"①

《西游记》续写

钱书琪

光阴似箭，日月如梭。仰首是春，俯首是秋，转眼间就到了 21 世纪。那三十五部真经，共五千零四十八卷的有字真经，旃檀功德佛（唐僧）早已将它们读得滚瓜烂熟、倒背如流了。现经旃檀功德佛观察，近几世纪来，我们的大地母亲频繁地受到许多伤害：

2004 年 12 月 26 日　印度洋发生了海啸，死亡人数：20 万

2008 年 5 月 12 日 14 时 28 分 04 秒　中国汶川发生了地震，共遇难 69227 人，失踪 17923 人，共计：25 万

在 2010 年 1 月 12 日 16 时 53 分　海地发生了地震，海地收殓 15 万遇难者尸体，疑还有 20 万人埋废墟

……

世界的灾难当然不只自然灾害，还有许多人为的灾害。

于是旃檀功德佛决定组建送经团，到世界各地去消灾消难（有灾消灾，没灾防灾），帮他们化险为夷。他写了几封邀请函，邀请观音菩萨、斗战胜佛（孙悟空）、牛魔王、八部天龙马（白龙马）同到世界各地去消灾消难。

准备出发时，八部天龙马说道："几位师兄，我并非要与你们同行。你们这些年都一直在天宫中，我今日来是下凡了一趟，才发现现在的人们都不骑马了，他们开车。我想到你们都是神仙、好人，也不会开车来污染环境，破坏地球，所以我带来了几辆自行车，以便你们前行。"说罢，便有几名侍卫抬上来了 4 辆自行车。

你看那自行车：身长约 2 米，身高约 80 厘米，前后各有一个轮子，车轮呈圆形，轮直径约 50 厘米，座位是三角形，边缘较弯。

---

① 这句话的意思是：我们几个兄弟一起行走的路途已经结束了，但世间三遍荣华还是不如你们。棠棣，指兄弟；荼蘼，荼蘼花开是春天要结束了，这里"开荼蘼"是结束的意思；你，代指你们，就是取经四人；三遍荣华：一是悟空做齐天大圣，二是西天取经成佛，三是回到水帘洞依然受爱戴。

斗战胜佛便耐不住急躁的性子，冲上前鲁莽地摸着自行车道："此为何物？为何长得如此奇怪？"八部天龙马道："此物就是我口中的自行车，以便你们送经，我先走了。"只见一缕青烟，八部天龙马也便伴随那股青烟走了。

由于旃檀功德佛不会踩自行车，也觉得不必踩自行车，所以命手下答谢天龙八部马，并派人把自行车又送了回去。

旃檀功德佛（唐僧）、观音菩萨、斗战胜佛（孙悟空）、牛魔王开始了送经之途。

"旃檀功德佛……这好像是亚洲中国的云南……"牛魔王喘着大气说道。旃檀功德佛望了望此处，道："不愧是'七彩云南'、'云岭之南'，真是耳听不如眼见呀！善哉，善哉！"斗战胜佛道："师父，我听说这里有一种珍贵的木材叫作'红豆杉'，不知大伙儿是否想去瞧见瞧见？"大伙儿齐曰："来已来，何不瞧一番呢！"

斗战胜佛便找了一户人家，问道："施主，请问何处有红豆杉？"施主道："在山上才有，不过想要在这山中找到红豆杉，也不是件容易的事。前些日子，有人发现红豆杉中有紫杉醇（一种抗癌药物），红豆杉就遭到人们的野蛮砍伐，现已所剩无几了。"

斗战胜佛听后很是恼火，便报告给团员们听，他们听后，也很不解：这红豆杉竟然这么珍贵，那为何还要将它们大量砍伐呢？既然它里面有抗癌物质，我们不更应该好好保护它们吗？

随后，观音几人便想去劝告当地人不要再砍伐"红豆杉"了。

他们几经波折找到了云南的电视台，希望电视台给他们机会通过电视的方式来劝说当地人放弃砍伐红豆杉。

唐僧上电视了，他在电视上说："红豆杉虽是好东西，但我们也不可以随便地、肆意地去砍伐。既然是好东西，那我们不应该好好保护吗？为什么还要去砍伐呢？"唐僧用反问的语句使大家反思。

几天后，唐僧几人再次上山，去寻找红豆杉，看看这次有没有好运，也看看当地人们有没有听他的话。可他们上山了，发现不仅找不到红豆杉，还发现山上还少了许多别的树。于是，唐僧决定再去一次电视台。这次是观音菩萨上电视，当地人们再没文化也应该知道观音菩萨。

观音在电视上说道："如果我们继续按照这样的速度去砍伐红豆杉，那么这种植物迟早会有灭绝的一天，现在不知道珍惜，到时候你们迟早会吃亏的。"斗战胜佛补充道："假如没有了树木，地球就失去了重要的氧气来源，谁都知道绿叶的光合作用会产生氧气。假如没有树木，沙尘暴或暴风雨将会给人类带来灾难。树木把根深深地扎入土里，一大片树林就连龙卷风也难把树木连根拔起。暴风雨下的时间很长也不怕，只是叶更绿了！如果没有树木，暴风雨、泥石流就会把房子冲毁。难道我们不应该保护好我们的树木吗？"

在观音的视频刚播出的几天内，群山那枯黄的皮肤的增加率明显变慢了，可几天后，露出来的枯黄色的部分的增加率又变回了原先状态。

半个月过去了，不听话的当地人们真的受到了相应的惩罚——泥石流。

那天早上还天气晴朗，刚到中午，天色大变，头顶的乌云仿佛要落下来，砸毁世界的一切似的。霎时间，电闪霹雳，大雨倾盆：

风也吹，草也飞，飘飘欲倒冷人心。

雨也落，树也倒，混乱一片令人惊。

那枯黄色的泥土混杂着一些树木残枝，随着漫天洪水咆哮而至，不少靠山的房屋被泥水冲毁。唐僧 4 人赶忙来到山下，牛魔王终于派上用场了，他变出了一个防护罩，把泥水隔在罩外，保护了村庄的安全。从此以后，人们开始植树，大规模地植树，云南变成了七彩云南。想知后来发生何事，请听下回分解。

送经团的那些事

姚奇言

送经团团员：唐僧，猪八戒，孙悟空，沙僧，白龙马，红孩儿

唐僧一行人成佛后，被限制了行动，只能一直待在天宫上。悟空双手撑着下巴，无聊地抬头望天："无聊死俺老孙啦！自从师父和咱们成佛后，天天和佛祖问来问去的。俺老孙都是第一万七千八百九十一次走这条路了！天宫上别说苍蝇了，就是连只小小的蚂蚁都没有，连妖怪都不许打，俺老孙快被闷死了！"

远处，八戒悠哉游哉地走来。悟空眼睛一亮，像箭一样冲到八戒面前，拉起八戒的手亲切地问："呆子啊，最近有什么好玩好笑的事快告诉大师兄我吧！就是类似于上次呆子你吃贡品吃得太急差点儿被噎死的那种。"八戒听了这话，差点摔在地上。他先在心里用各种酷刑将悟空"招呼"了一遍，然后

深吸了一口气，刚准备开口，只见太白金星跌跌撞撞地跑来，气喘吁吁地说："大……大圣……如……如来……他老人家……找……找您有事！"话音刚落，太白金星只觉一阵风吹过。然后，然后悟空和八戒不见了！太白金星摸摸自己的胡子道："老啦，老啦！"

如来跟前，唐僧正在请教问题："阿弥陀佛，老师，这到底是先有鸡，还是先有蛋呢？弟子思量已久，望老师指点迷津。"一旁，沙僧靠着柱子对白龙马道："白龙马啊，你说师父他们还要说多久呢？"白龙马摆摆手，耸了耸肩，无奈地说："谁知道呢？"

这时远处传来一声："师父，俺老孙来也——"下一秒，悟空已站在众人面前。八戒刹不住脚摔倒在地，他哼哼地爬了起来——谁让咱打不过大师兄呢？沙僧喊道："大师兄，二师兄！"四人皆一惊，哦，不，是四神皆一惊——沙僧什么时候来的？

如来见众神已到齐，开口道："这次叫你们来，是为了让尔等下凡送经去。如今天灾泛滥，人间已是一片混乱，今特要尔等下界送佛经，救助众生。尔等可去？"

悟空首先叫道："俺老孙快被闷死了，去！"

唐僧恭恭敬敬地道："谨遵师父之命。"

沙僧道："老沙我也去！"

白龙马道："我也要去！"

如来笑了笑道："尔等此去恐怕凶多吉少，带着红孩儿吧！"

话音刚落，只见浩浩荡荡的一群人瞬间不见了。如来捂着嘴偷笑：望尔等没有恐高症！

于是，这群人掉到了河里——众神都变成了人的模样。红孩儿眼尖，看到不远处一片火光，暗道："不好，我们不会来迟了吧！"他连忙告诉众人，众人也顾不得自己身上的衣服了，直接从河边跑到了火灾现场（下界不能随便使用法力，除非是救人命）。

火灾现场一片混乱，人们争先恐后地跑着。他们只有一个念头：跑啊，跑出去就能活命了！只是，烟越来越大，渐渐的，逃命的人体力不支了，有不少的人跌倒在地。可是，逃命的人们并没有伸出援手，还是接着往外逃。地上一个又一个血肉模糊的尸体让人不住地感到心寒。在这场灾难中，人们将自己的自私发挥得淋漓尽致……

人群中，一个瘦弱的小姑娘无助地坐着。她望着奔跑着的人们，眼中发出了对生的渴望。她努力地站了起来，跑了起来，可是，没跑多久，就又被石头绊倒了。她还是没有放弃，又站了起来，继续跑了起来。可是，她还是跌倒在地了。她的膝盖变得血肉模糊，连骨头都能看见了。她望着疯狂的人们，绝望地闭上了眼睛，等待着自己也变成地上血肉模糊的尸体。

这时，悟空看见那个瘦弱的小姑娘。被她对生的渴望所打动，连忙冲进人群中，一手抱着小姑娘，一手挡在小女孩身前，防止她被疯狂的人们撞开。然后又左冲右突地从人群中冲了出来。唐僧看着小姑娘的膝盖，握着小姑娘冰凉的手怜惜道："没事了，别怕了！"小姑娘感觉到有人正握着她的手，暖暖的，似乎有安抚人心的力量。她睁开了双眼，看见唐僧他们，不禁纳闷："难道这是天使？天使是男的？"她又扭头看向四周，还是那个让人感到绝望的地方，她，被救了。

红孩儿不耐烦地问小姑娘："喂，你说话呀！装可怜呢！"小姑娘看向他们，对他们指了指自己的耳朵，摇了摇头，又指了指自己的喉咙，摇了摇头。这时，沙僧开口道："师父，大师兄，二师兄，白龙马，红孩儿，这个女孩……莫非是个听不到人说话的聋哑人？"

聋哑人，大家沉默了一下。又看向小姑娘。

只见小姑娘正焦急地拉着唐僧的衣袖，用手不停地指着正在大火中燃烧的居民楼。还做出了一个求助的动作。白龙马突然明白了，这小姑娘的父母怕还是在大火里没逃出来呢！他告诉了众人，众人连忙开始展开救人行动。悟空、八戒、白龙马负责救人，唐僧负责安抚伤者家属，沙僧负责给唐僧打下手；红孩儿主动提出，自己来灭火。众人以为他会收火，但没想到红孩儿却叫出了三昧真火。

八戒连忙阻止道："红孩儿，你这是在灭火还是在火上浇油啊？"红孩儿大叫道："你不会以火灭火吗？"说完便一把甩开八戒，将三昧真火施展了起来。说来也怪，当三昧真火碰到正在燃烧的火时，火瞬间便熄灭了。众人突然明白了："人外有人，天外有天，不能一直用同一种眼光看待事物。"

八戒无话可说，连忙同悟空、白龙马进去救人。这回，别说八戒、白龙马了，就连悟空也被眼前的一幕感动了。

他们刚刚进去，就看见倒塌的楼梯压在一对夫妇的尸体上：妻子和丈夫一起用手撑住了一个小小的空间，好像是想让谁逃出去。妻子好像是乘着丈夫没注意，用一旁的一根钢筋翘起了整块石板。丈夫许是觉着石板轻了，便让妻子一手撑着石板，表示让自己来撑。其实，这哪里只是一块石板啊，这是整个倒塌的楼梯！妻子的手为了撑住钢筋，已是血迹斑斑。

突然，丈夫的手指动了动，悟空看见了，连忙示意八戒和白龙马将楼梯撑起。悟空在楼梯撑起时，飞快地冲了进去，将丈夫背了出来。他又跑进去探了探妻子的气息。妻子已经死亡了。他将妻子的尸体也背了出来——他不想让她死无葬身之地。

然后悟空和八戒将妻子的尸体、奄奄一息的丈夫背了出去。随即又立刻回去和白龙马一起救人。

当所有伤者和尸体都被搬出来后，悟空等人看见了那对夫妇身旁的小姑娘。

小姑娘像是不敢确认，她伸出颤抖的小手探了探那个丈夫的气息，然后松了一口气。接着，她探了探那个妻子的气息。这一探，使得小姑娘震惊无比。没错，这对夫妇便是小姑娘的父母。而这对夫妇支起的一个小小的空间怕是为了让小姑娘逃出去吧！可怜天下父母心啊！

太阳缓缓地升了起来，温暖的阳光照在众人身上。可是众人看着地上看不出谁是谁，血肉模糊的尸体，只觉得寒冷无比。

唐僧念了句："阿弥陀佛，善哉善哉。勿以善小而不为，勿以恶小而为之！"

如来出现在众人面前，他满意地望着众人："各位，你们做得很好。人，总是太自私了。所以，我让你们下界帮助他人。以自己的善心、爱心去感化他人。毕竟，人的自私并不是神能够改变、干涉的，这是违反自然规律的。而且，人是不可能没有自私之心的。与其总是相信神明，依赖神明，还不如用自己的实际行动去证明一切。也就是说。帮助他人，用善心和爱心去感化他人——这，不正是在送经吗？"

是啊，如果我们人人都去帮助他人，用爱心帮助和感化他人，那么，在人灾、天灾来临时，是不是就不会死去这么多人了呢？

【注：关于以火灭火的原理：具体一点就是中心有火，而在火场周围制造可控性燃烧，把周围的可燃物都烧光。当火蔓延到周边时，由于没有可燃烧的东西，火自然就灭了。】

续写选材：

2010 年 2 月 14 日凌晨，溆浦县沿溪乡发生了火灾，彻底熄灭了节日的气氛。

凌晨 1 点 25 分，正当人们看完春晚，准备入睡之际，突然，锣声响起，呼唤救火的呐喊随之而来，人们相继出户，只见刘家坪火光冲天，一个院落发生了火情。3 点 47 分，经过众乡邻的殊死扑救，火源才基本被切断，及时的救援保住了 5 户居民宅。但有 4 户居民宅化为灰烬。最令人痛心的是，其中一户，夫妻都为聋哑人，火灾发生时，丈夫侥幸脱险，而妻子被大火无情地吞噬了生命。

《西游记》后续之穿越版

徐俊扬

当取经四人完成使命后，紧接着，又有着一大堆难题正等待着他们！

"报，不好了，不好了，在世界的好多个地区都发生了重大的灾难！"千里眼和顺风耳惊慌失措地说。"什么！怎么会发生这样的事？我命令你们师徒四人快去拯救苍生！"玉皇大帝庄重而严肃地说。师徒四人心中一震，唐僧不急不忙地说："阿弥陀佛，我和悟空等马上启程，请玉帝放心。"说完便带着三徒踏上了拯救苍生的路。

在路上，悟空趁着休闲的时候去龙宫请来了西海龙王，便对他说："现在世界苍生都面临着灾难，我需要你和我一起去拯救苍生！"西海龙王说："关我什么事，又不是我要死掉。"孙悟空好心劝告："拯救苍生有什么不对！"西海龙王道："不去就是不去。"孙悟空顿时怒了道："你小子再敢说一声不去，俺老孙把你打得粉碎！"西海龙王被吓得求饶说："大圣，小的现在立刻准备行李，随大圣去拯救苍生！"

回到唐僧旁边时，悟空喜道："看我带来了谁。"西海龙王走出。唐僧道："太好了，有了西海龙王，救火就没问题了，悟空可是怕火的，现在有了你，就省下了好多事啊！"

随着时间的推移，师徒四人加上西海龙王到达了菲律宾，当他们看到台风时。悟空摇身一变，变成一只老鹰，进入到龙卷风里，拔了几根毫毛，又变出几只老鹰，不到 1 分钟，就救了几百人的性命。可是总有一个人还像以前一样什么事都不干，不用说就是八戒。在其他人都在救灾的时候，他却在一旁睡觉。不料，一块大石头砸在他头上，八戒说道："痛死俺了！"这时孙悟空开着拖拉机，带着一群人来到这里，用拖拉机把人一一救出来，而唐僧呢，在一旁念经，为他们祈祷。沙僧便开着摩托车在奔涌的海水中用自己的金身罗汉之身，保护那些人，并把他们扛在自己肩上，骑着摩托风驰电掣般开了出来。那个呆子拼命用自己的肚子把那些岩石撞开，可是肚子上一点伤都没有，可见八戒的肚子有多么大了。在这里最出众的就是西海龙王了，他用自己一肚子的水把全部的火给灭了，为师徒四人省了很多事。孙悟空也在心里感叹西海龙王用水得强大。

过了 3 个小时，师徒四人加上西海龙王差不多把所有人都救出来了，他们现在个个都是满脸灰尘，可是他们都是神仙了，哪里会累。孙悟空放一个大招："啊，德玛西亚，变了几千个猴子出来。"一瞬间在天上看下去，全都是黄色的海洋。眨眼间，所有的灾难都没了。

跨入了新世纪，孙悟空再也闲不住了，代表师徒四人向玉帝递交了请求出国考察的申请。玉帝沉思了一会儿，认为他们师徒四人自从西天取经成功之后，一直都没有出去过，也应该让他们出去见见世面了，最终答应了他们的请求。

几天之后，师徒四人高高兴兴地出发了。

你看，唐僧穿着西装，打着领带，口袋里装着手机，正悠闲地听着流行歌曲。沙和尚一边开车，一边听"天宫早新闻"广播。猪八戒专心致志地看昨天的"天宫晚报"。孙悟空在一边通过笔记本电脑在网上聊天，但他可没有忘记拍摄下沿途的美景、记录下路上的所见所闻。你可能会问："这么多事，悟空怎么忙得过来呢?"你可别忘了，他可是有三头六臂的呢!

汽车开到火焰山，由于温度太高，不得不停了下来，唐僧连忙拿起手机向牛魔王请求支援。

不一会儿，牛魔王和铁扇公主到了，铁扇公主取出芭蕉扇，对着火焰山扇了好久也不见效。猪八戒耐不住性子，连忙向高老庄发了个 E-mail，高老庄的高翠兰(现在是气象小姐)收到后，不慌不忙地将一串串"炮弹"飞向火焰山。过了一分钟，火焰山上空便下起了倾盆大雨，大雨下了好久，终于把火焰山的大火浇灭了。

牛魔王见了，像沙和尚一样摸不着头脑，好奇地问："这是咋回事呀?"孙悟空笑着解释道："这是人工降雨……"

突然，地面崩开，火云村里的人接连不断地跑出来，悟空道："师父，这里似乎有灾。"唐僧道："悟空你快去问问。""是，师父，我去去就来。"悟空道。在路上，悟空看到了许多人都在四处乱逃，在慌忙之下，找一人问："这发生了什么?"一个村名说："因一位孩童玩火，导致了火灾!"悟空一纵，回到了师父身边，唐僧闻有此事。便命令悟空等人速速救火。悟空取出了太上老君赠的法宝"净水魔瓶"，一泼，原本火舌飞舞的大火，一瞬间被浇灭了。悟空等人悄无声息地走了。

过了 10 天(天上一天，人间 10 年)，悟空等人想去看看现在的火焰山怎么样了，便收拾行李上路了。

到了火焰山，唐僧师徒惊呆了：那曾经被烧掉一切生机的山上如今到处是花草树木，清澈的小溪在山涧流淌，地面上长着绿茵茵的小草，山脚下立起了一座座高楼。他们马上向牛魔王夫妇打听怎么回事。原来牛魔王、铁扇公主和老百姓齐心协力，挖沟渠引来了水源。然后在山上栽树种草，昔日的火焰山变成了人间仙境。牛魔王请唐僧师徒吃了一顿美餐，又到村里逛了一逛。唐僧师徒都看得眼睛发呆了，尤其是孙悟空，一边逛一边说："这哪里是火焰山，这明明是花果山吗，不，比我的花果山还漂亮啊!"牛魔王哈哈大笑，说："既然这样，那你们就留下来吧。"唐僧谢绝了，还请牛魔王一起去旅行，牛魔王爽快地答应了。

他们来到了东海，只见水底金光灿灿、闪闪发亮。八戒下去一看，哇，好多幢高大漂亮的玻璃宫殿啊!老龙王来了，说："哈哈，想不到吧，这可是人类的杰作——海底透明城，它里面可漂亮了，快跟我进去参观吧。"进去一看，确实如此，海水在透明的玻璃天花板上像蓝天一样，人们在海底城市中工作、休息、游玩着。猪八戒问龙王："这可是在水下啊，这城里怎么会有供呼吸的氧气呢?"龙王笑了："人类很聪明啊!你看，那就是制造氧气的工厂，它是用来制造氧气给人们呼吸用的。"唐僧说："这里的变化真大啊，人类真是了不起!"龙王说："那当然了，现在人类不仅建造了海底城和我做了好邻居，他们还要造飞船，准备上天和你们做邻居呢!"

"太好了!"孙悟空说，"到那时，我们的天宫一定会变得更加美丽。"

就这样，一段人间之旅就此告一段落了!

唐僧师徒雅典救火

曾庆聪

师徒四人成佛之后，唐僧、悟空、八戒，再次踏上了普济众生之路，当然，也带上了那个当年与孙悟空大打出手且请菩萨来制服的妖——黑风怪，唐僧也收他为徒，他也改过自新，愿意随唐僧一起踏上救济之路，唯独沙僧一人被佛祖留在了西天当罗汉。

新的师徒四人，穿梭时空，来到当世救苦救难。自从沙僧不在，牵马的工作自然就轮到了新成员来替补。到达了希腊国雅典市，当地人民也十分热情，师徒四人想讨要些斋饭，可由于语言不便于交流，出现了障碍，但在一遍又一遍的手势后，终于解决了温饱。师徒四人见到这个国家并未出现困难，又准备继续向前，还没有走出这个国家，就突然传来了噩耗，一个人惊慌失措地冲了过来，满脸的恐惧，眼瞪得十分大，喊道："着火了，着火了！"唐僧一听，立马扭过头来，便见到不远处的森林冒着熊熊大火，浓烟滚滚，草木早已是一片枯黑，大火无情地焚烧着这片本是鸟语花香的土地，一阵阵黑烟扑鼻而来，遮住了整个天空，在这熊熊大火之中，不时传来撕心裂肺的哭泣，唐僧一听，二话不说，立即指派悟空和黑风怪去救火。可是整片森林都被火焰吞噬，即使悟空使用火眼金睛也无济于事，仍然一片火海，什么也看不到，但他仍然咬紧牙关，死死地盯住。

八戒还在优哉游哉，躺在河边，一副无所事事的样子，嘴里还哼着小歌，这时，一顶帽子从他身旁漂过，他恍然大悟，立刻跳起来，跑着去告诉唐僧，可整条路都被大火拦住了，怎么办？唐僧坐卧不安，走来走去，手里不停地转动着佛珠，嘴里也喋喋不休地念佛语，就在大家绞尽脑汁的时候，黑风怪嘴角微微一笑，自信地大声叫道："别怕，这种事小事一桩，包在我身上！"话音刚落，只见他挥动着身体，深吸一口气，大张着嘴，使劲一吹，"轰——"，大火眨眼工夫又大了许多，熊熊的火焰肆无忌惮地伸着它的爪牙。黑风怪不知所措，瞪大眼睛，傻傻站着。八戒走过来破口大骂："就会吹牛，弄巧成拙。"黑风怪低着头，一言不发。师父又去劝告八戒："善哉！算了，他也是一片好心啊！"这时，消防队来了，开着消防车，结果压力不足，火势控制起来很慢。黑风怪向他们借了几个水管插在河道上，鼓起腮帮子，借助风的力量加大了水的冲击力，"唰、唰、唰"，倾盆大水终于让大火消停了。悟空走过来，拍了拍黑风怪的肩膀，安慰道："师弟，做得好！"八戒也在一旁笑道："算你有能耐！"大火终于被扑灭了。

　　而在河的另一端，许多难民都浸泡在河水中，手脚不停地扑腾，挣扎着，脸上露出惊慌的表情。师徒四人赶紧过去，孙悟空拔了一根毫毛，变作一艘船，救了村民上岸，可惜他们的房子和田地都一片狼藉，所有人都十分沮丧，目不转睛地盯住，眼神中还带着焦虑，甚至有的还跪在地上哭了起来，唐僧也不忍心看到这样的情景，就叫唤孙悟空、八戒和黑风怪一同帮助他们重建家园。唐僧也传授佛法，并教会了他们防火的方法，徒弟三人也十分卖力，村民们感激不尽，想把师徒四人留下好好报答，可是唐僧却微笑着摇了摇头，口中还念着："谢谢众位师父，贫僧何德何能……"

　　在师徒四人的帮助下，村庄也渐渐恢复了鸟语花香，师徒四人也完成了他们的目的，再一次踏上了救济之路……

　　【注：2009年6月16日希腊首都雅典南部发生山林火灾，大火连续烧了2天。】

阅读任务清单

1. 小组轮流出黑板报："走进《西游记》"。

2. 四人为一组，合作完成。

(1)依阅读进度画出唐僧师徒的取经路线图。

(2)列举唐僧师徒取经路上遇到的妖怪(最好能按顺序，并将有背景的、有神佛相助的标出来)。

(3)出一份有关《西游记》的手抄报，题目自拟。

(4)思考：为什么要取经？取经路上碰到哪些困难？假如没有妖怪……

3. 阅读时，请结合自己的阅读进程，完成故事梗概的梳理。

4. 摘抄《西游记》中的经典语言：成语、谚语、歇后语等(笔记本)。

5. 摘抄人物精彩的语言、动作描写(笔记本)。

6. 批注人物性格，记下心得体会。

7. 说出自己印象最深刻的情节。

8. 谈读后的心得体会，结合整本书的 1 个，结合某一片段的 3 个以上(笔记本)。

9. 与以前读过的彩图版、少儿版《西游记》或电视剧对比，有理有据评说。

10. 针对《西游记》提一个问题，或谈一个你已经解决的问题。